내 아이가 힘겨운 부모들에게

오은영

연세대학교 의과대학을 졸업하고 동 대학원에서 석사 학위를, 고려대학교 대학원에서 의학 박사 학위를 취득했으며 신촌 세브란스병원에서 정신과 전공의를 지냈다. 이후 SBS 〈우리 아이가 달라졌어요〉와 EBS 〈부모〉 등에 출연하여 아이들의 마음을 정확히 짚어주고, 변화된 모습을 이끌어내면서 부모들에게 높은 호응을 받았다. 현재 연세대학교 의과대학 외래교수이자 아동학대예방센터 전문위원, 오은영 소아청소년클리닉 및 학습발달연구소 원장으로 활동하고 있으며, 저서로『오늘 하루가 힘겨운 너희들에게』『불안한 엄마 무관심한 아빠』등이 있다.

오은영의 사춘기 터널 통과법 _ 부모편

내 아이가 힘겨운 부모들에게

지은이 | 오은영

1판 1쇄 펴낸날 2015년 3월 25일 | 1판 21쇄 펴낸날 2024년 6월 1일

펴낸곳 녹색지팡이&프레스(주) | 펴낸이 강경태
구성 김미연 | 등록번호 제16-3459호
주소 서울시 강남구 테헤란로86길 14 윤천빌딩 6층(우)06179
전화 (02)3450-4151 | 팩스 (02)3450-4010
ⓒ 오은영, 2015

ISBN 978-89-94780-80-1 14180
ISBN 978-89-94780-79-5 14180(세트)

내 아이가 힘겨운 부모들에게

오은영 지음

녹색지팡이

작가의 말
우리 아이 사춘기, 겁먹지 마세요!

얼마 전 초등학교 2학년 아이 엄마가 한숨을 푹 내쉬며 "원장님, 우리 아이는 벌써 사춘기인가 봐요."라고 하더군요. 왜 그런 생각을 하시느냐고 물었더니, 요즘 너무 말을 안 듣는답니다. 짜증이나 말대꾸, 반항이 부쩍 늘었다고요. 그러면서 도대체 어떻게 대해야 할지 모르겠다고 걱정과 불안이 태산이었습니다. 많은 부모들은 아이가 짜증을 많이 내고 말을 잘 듣지 않고 안 하던 행동을 하면 쉽게 '사춘기'를 떠올립니다. 전혀 근거 없는 생각은 아니지요. 사춘기의 대표적인 특징이 바로 그거니까요. 그런데 막상 사춘기에 대해 더 아는 걸 물어보면 그게 다인 경우가 많지요.

사춘기는 누구나 거치는 그리고 인생을 살아가는 데 많은 기틀이 형성되는 중요한 시기입니다. 그런데 왜 우리는 그 시기 아이들의 문제 행동 외에 아는 것이 별로 없을까요? 다른 발달 단계에 비해 짧게 스쳐 지나가기 때문입니다. "어? 쟤가 왜 저러지?" 하고 당황하고 있다 보면 어느새 아이의 사춘기는 끝나 버리지요. 그러다 보니 준비 없이 아이를 대하는 경우가 대부분이고요. 그사이 아이는 세상살이가 너무 힘겹습니다. 해야 하는 일은 많은데 어떻게 해야 할지, 왜 해야 할지 모르는 총체적인 혼돈 상태에 빠지기 때문이지요. 그걸 지켜보는 부모의 마음도 힘겹긴 마찬가지고요. 그래서 어느 순간부터 '사춘기는 끔찍하게 힘든 시기'로 규정지어져 아이와 부모의 행동 방식이 '반항'과 '억압'으로 정해져 버린 측면이 있습니다.

하지만 아이의 사춘기에 대해 그렇게 겁먹을 필요는 없습니다. 사춘기가 무섭고 답답한 것은, 너무 모르기 때문이거든요. 모르면 당연히 겁이 나고 답답할 수밖에 없지요. 아이든 어른이든 모르면 배워야 합니다. 아이의 마음을 도통 모르겠다며 걱정만 하지 말고, 사춘기를 공부하고 아이의 마음을 이해하려 해보세요. 아이를 바라보는 마음이 한결 편안해집니다. 물론 그렇다고 곧바로 아이를 다 알 수 있는 건 아니에요. 누구도 다른 사람을 완벽하게 안다는 건 불가능한 일이거든요. 중요한 것은 그 노력의 과정이지요. 그 과정을 함께하다 보면 어느 순간 내 아이가 사춘기라는 번데기를 당당히 뚫고 스스로 힘차게 날아오르는 화려한 나비가 되어 있는 걸 볼 수 있을 거예요.

얼마 전 〈무한도전〉이라는 예능 프로그램에 나간 적이 있어요. 멤버가 다들 아이 아빠들이었던 터라 저를 만나자 앞다투어 평소 궁금했던 점들을 묻기 시작했지요. 그때 한 멤버가 아이들이 장난감을 가지고 다툴 때 누구를 혼내야 하는 거냐고 물었어요. 제가 해준 대답은 일단 혼낸다는 생각부터 버리라는 것이었습니다. 아이는 혼내야 하는 존재가 아니라 가르쳐야 하는 존재이기 때문이지요. 아이가 사춘기라도 그 사실에는 변함이 없습니다. 단, 아이가 사춘기일 때는 항상 일정한 거리를 유지한 채 객관적이고 합리적으로 가르쳐주어야 한다는 차이가 있을 뿐이지요.

아이의 사춘기, 힘들죠. 차라리 몸이 힘들었던 유아기 때가 낫다는 생각이 들 수도 있고, 내가 낳은 자식이 맞나 의심이 들 정도로 아이가 미워질 때도 있을 거예요. 하지만 상처받지 마세요. 겁먹지도 마세요. 그리고 아이를 믿으세요. 아이는 지금 정상적인 발달 단계를 아주 잘 밟아가고 있는 중입니다. 너무 갑작스럽고 많은 변화에 아이 스스로도 당황해서 불안정한 모습을 보일 때가 많지만, 부모가 '괜찮아. 나는 너를 믿고 있어.' 하고 따뜻한 눈길로 담대하게 지켜봐 주면, 곧 안정되고 단단해질 거예요. 아마 10년쯤 후엔 지금 부모의 모습을 추억하며 마음 깊이 존경할지도 모릅니다. 그리고 나는 이 책을 펼쳐 든 당신을 믿습니다. 그리고 확신합니다. 잘 해내리라고, 아니 이미 잘 해내고 있다고 말이지요. 사춘기가 막 지난 아들을 키우는 엄마로서, 당신을 무한 응원합니다.

2015년 3월의 어느 날

오은영

차례

작가의 말
우리 아이 사춘기, 겁먹지 마세요!

Theme
1

아이는 억울한 거예요

Theme
2

아이는 지금 터지기 일보 직전이에요

Theme
3

아이는 지금 외로운 거예요

알아서 한다면서 하는 건 아무것도 없고
일만 열면 또 잔소리한다며 짜증 내고
말로 안 되는 '똥고집'만 부리니…

아이는 억울한 거예요

내 아이가
사춘기?

요즘 아이들의 사춘기가 언제쯤 온다고 생각하시나요? 옛날에는 보통 14~15세 사이에 2차 성징이 나타났지요. 그런데 지금은 평균적으로 11~12세 사이, 즉 초등학교 4~5학년이면 2차 성징이 나타나고 사춘기가 찾아옵니다. 신경질이 늘고 반항이 심해지면서 말을 안 듣기 시작하지요. 조잘조잘 말을 잘하던 아이가 갑자기 입을 꾹 닫아버리는가 하면, 살갑게 안기던 아이가 제발 좀 건드리지 말라며 방에 들어가 방문을 잠가버리기도 하고요.

어떤 부모들은 사춘기의 대표적인 특징을 '반항'이라고 생각해서, 아이가 초등학교 2학년밖에 안 됐는데도 갑자기 말을 안 듣는다 싶으면, 벌써 사춘기가 아니냐고 묻곤 하세요. 하지만 이 경우는 사춘기라기보다 부모와 아이의 관계가 틀어진 것이라 보는 게 맞을 거예요. 이런 아이는 본격적인 사춘기가 시작되면, 부모가 사춘기의 특성이라고 여기는 행동(특히 안 좋은 쪽)이 훨씬 더 심해지긴 해요. 너무 이른 반항기는 대부분 심각한 사춘기의 예고편이거든요.

대부분의 아이들은 보통 '공부'를 시작하는 시점부터 말을 안 들어요. 공부를 놀이처럼 즐겁게 하는 아이는 없거든요. 초등학교 저학년 아이는 더 그렇고요. 그럼에도 불구하고 그 어린아이가 공부를 하겠다고 책상에 앉아 있는 건 순전히 부모가 원하기 때문이에요. 더 정확히 말하자면 부모의 칭찬을 듣고 싶은 거지요. 그런데 아이는 칭찬 받으려고 하기 싫은 것을 꾹꾹 참아가며 기껏 문제집을 풀어놓았건만 부모는 틀린 문제만 콕콕 찍으며 도끼눈이 되기 일쑤예요. 유아기에는 뭘 해도 "어이구, 우리 아들 최고네." "우리 딸 정말 잘하는구나." 하던 부모가 공부를 시작하면서 "똑같은 문제 또 틀렸잖아. 너 집중 안 할래?" 하고 퉁명스러워지기도 하고요. 이렇게 본격적으로 공부를 해야 하는 시기부터 아이와 부모는 사소한 일에 티격태격하게 돼요. 관계가 삐걱대기 시작하는 거죠. 아이는 자신을 대하는 태도가 완전히 달라진 부모에게 마음이 상해서 말을 안 듣고, 부모는 그런 아이가 마음에 안 들어서 매일 부딪치게 되는 거예요. 그러다가 본격적인 사춘기가 오면 부모와 아이의 관계가 급격하게 악화되죠. 그러면 부모들은 달라진 내 아이를 어찌해야 할지 몰라 가슴이 막막하고 갑갑해져요.

　부모들은 아이에게 사춘기가 찾아온 것 같다는 생각이 들면 가장 먼저 '이제 시작인가 보다. 점점 더 말을 안 듣겠지.' 하며 지레 겁을 먹고 상황이 더 나빠지기 전에 일단 기선제압을 해서 아이를 엄하게 휘어잡아야겠다고 생각하기 쉬워요. 실제로 많은 부모님들이 그런 잘못된 판단 때문에 시행착오를 겪기도 하고요. 야단치고 화를 내면 아이가 겁을 먹어서 말을 좀 듣지 않을까 생각하기 때문이지요. 아이들이 어릴 때 했던 방법 그대로 좀 더 엄하게 대하기만 하면 통할 거라는 기대감이 있거든요. 하지만 사춘기 아이에게는 독립하고자 하는 본능적인 욕구가 있어요. 그 시기 아이들의 발달 과제는 자기 주도성과 독립성을 획득하는 것이거든요. 그리고 그 본능에 가장 충실하게 따르는 행동이 바로 부모 말을 안 듣는 거예요. 아이는 발달 과정상 자연스러운 행동을 하고 있는 것뿐인데 부모는 아이의 반항기는 초장부터 잡아야 한다며 강압적으로 대하지요. 바로 여기서부터 부모의 사춘기 양육이 잘못된 방향으로 흘러가기 시작하는 거예요. 아이가 사춘기라는 터널을 무사히 통과해 나가는 데 가장 필요한 것이 부모와의 좋은 관계인데 그게 초반부터 어긋나는 것이지요.

사춘기 아이들은 기본적으로 자기는 아무리 부모에게 반항하고 못된 말과 행동으로 상처를 줘도 부모는 여전히 자신에게 다정하게 대해 주기를 원해요. 의외로 "엄마, 아빠가 나를 좀 이해해 줬으면 좋겠어요." "나에게 친절하게 말했으면 좋겠어요." "따뜻하게 위로해 줬으면 좋겠어요." 하거든요. 아이들은 부모가 자신을 강압적으로 억누르려 하면 "내가 커서 독립하려고 하는데 왜 내 앞길을 막아요!" 하고 이성적으로 따지지 못해요. 그냥 부모가 자기를 미워한다고 생각하지요. 나를 사랑하지 않는다고 여기는 거예요. 그래서 삐치고 말을 안 하죠. 화가 나거든요. 기가 팍 죽기도 하고요. 아이와의 말다툼이 사라지고 문제 행동이 일어날 소지가 없어졌으니 부모 마음은 편할지도 몰라요. 그런데 사실 이게 더 심각한 문제예요. 반드시 거쳐야 할 발달 단계에서 초기에 그 싹을 잘라버리니 아이가 자주적으로 생각하고 일을 처리하는 능력에 문제가 생길 가능성이 높아질 수 있거든요. 또 부모가 아이의 일시적인 모습에 감정적으로 반응해서 억누르면 아이는 어른들과의 모든 관계에 대해 부정적인 생각과 불신이 먼저 생겨요. '어른들은 결코 우리를 이해하려 들지 않아.' '얘기해 봐야 소용없어.' 일단 한번 이런 생각이 자리잡고 나면 아이들은 그다음부터 부모에게 고민을 털어놓지 않을 뿐만 아니라 충고도 잘 받아들이지 않게 돼요.

사춘기 부모 노릇, 두렵다고요?
아이는 죽을 만큼 힘들어요!

사춘기 자녀를 둔 부모는 아이를 독립시킬 마음의 준비가 안 되어 있어요. 사실 아이 또한 그럴 나이가 아니기도 하고요. 그런데 아이는 자꾸 어른 같은 행동을 하려 하고 어른 대접을 받고 싶어 하지요. 그럴 때 부모는 굉장히 두려워져요. 이제는 아이가 내 말을 듣지 않을 것 같고, 자꾸 문제를 일으킬 것 같고, 더 이상 내 통제 속에 있는 것 같지 않으니까요. 아이가 자기만의 세상에서 부모가 모르는 일들을 벌리고 있는 것 같아 불안하고 두려워지는 거예요. 이런 두려움은 아이가 자기 이야기를 숨기려고 할 때 더 커지게 마련이지요. 아이에게 "오늘 학교에서 무슨 일 있었어?" 하고 물으면 "아, 몰라." 해버리잖아요. 아이가 외출할 때 어디 가느냐고 물어보면 말하기 싫어하고요.

그래서인지 사춘기 부모가 가장 많이 하는 말이 "애가 뭐 하고 돌아다니는지 모르겠어요." "무슨 생각을 하는지 모르겠어요." "속을 모르겠어요."예요. 비유가 지나칠지는 모르겠지만 사춘기 부모의 심정은 항상 목줄을 하고 다니던 강아지를 목줄 없이 밖에 데리고 나갔을 때의 불안감과 비슷한 거예요. 풀밭을 자유롭게 뛰어다니던 강아지가 내 시야에서 사라지면 덜컥 불안해지잖아요? 찾을 때까지 계속 부르게 되고요. 사춘기 부모가 자꾸 아이를 찾는 데에는 사실 이런 마음이 있는 거예요.

부모들의 불안함을 극심하게 만드는 한 가지 원인을 더 꼽자면 그건 바로 아이에 대한 고민을 어디에도 쉽게 털어놓을 수 없다는 점이에요. 물론 유아나 초등학교 저학년 아이를 둔 부모도 아이를 키우는 과정에서 불안감을 느끼는 건 똑같아요. 하지만 그 시기 아이의 부모는 육아에 대한 고민을 다른 부모들과 공유하기가 쉬워요. 특히 엄마들이 잘 모이는 인터넷 모임도 많고요. 거기에서 얻은 답이 우리 아이한테 곧바로 적용되지는 않는다 해도 고민을 털어놓는 것만으로도 많은 부분이 해소되지요. "우리 애도 그래요."라는 한 마디가 위로가 되니까요.

그런데 사춘기에는 정보를 공유하기가 어려워요. 아이마다 문제가 너무 다르고 다양해서 공통점을 찾기가 어렵거든요. 그 중에는 부모가 예상치 못한 것도 많고요. 아이가 가출을 했다거나 야동을 본다거나, 담배를 피우는 것 같다는 얘기는 남들에게는 물론, 아무리 친한 친구라도 쉽게 입 밖으로 내긴 꺼려지는 거지요. 내가 잘못 키우고 있는 게 아닌가 하는 생각에 뭔가 창피하고 죄책감이 들기도 하고요. 아이 문제를 남편한테 말하지 않는 엄마들도 많아요. 남편이 알면 아이를 거칠게 다룰지도 모른다는 걱정 때문에요. 아이 담임 선생님한테는 더하죠. 괜히 아이가 불량 학생으로 찍힐까 봐 아예 말도 꺼내지 못하거든요.

하지만 사춘기 아이들은 단 한 명의 예외도 없이 다들 각자의 문제가 있게 마련이에요. 문제가 없는 게 오히려 이상한 거죠. 청소년기는 정신적인 성장과 육체적인 성장의 불균형이 심한 시기예요. 완전히 독립적인 상태도 아니고 의존적인 상태도 아니지요. 생물학적으로는 충동이 과도한 시기이고요. 기본적으로 자기 조절 능력이 많이 미숙한 데다 그걸 빨리 체득한 사람과 늦게 체득한 사람의 차이도 심해요. 스트레스도 굉장한 시기죠. 능력은 충분치 않은데 해야 하는 일은 갑자기 늘어나니까요. 몸은 확 커졌는데 인생에 대한 가치관이나 자기 철학은 전무할 가능성이 크고요.

이런 불균형이 가장 극대화되는 때가 바로 초등학교 고학년이에요. 초등학교 5~6학년 아이의 경우, 심리적인 발달이 좀 늦었다면 신체 연령은 중학교 2~3학년인데 정신 연령은 초등학교 2~3학년 수준일 수 있는 거예요. 발달의 불균형이 심각한 거지요. 이렇게 발달 영역 간의 격차가 심해지면 아이는 심리적으로 여러 가지 갈등이 생길 수 있어요. 그러니까 아이 본인은 사는 게 얼마나 힘들겠어요? 그런데 부모는 친구가 많으면 오지랖이 넓어서 탈이라 하고, 얌전하게 집에만 있으면 또 너무 정적이어서 탈이라고 하지요. 공부를 안 해도 탈, 온종일 공부만 하고 있어도 탈, 너무 자기주장을 안 해도 탈, 너무 자기주장만 해도 탈이라고 말이에요. 또 선생님 말을 잘 들으면 선생님한테는 모범생이라고 칭찬받지만 친구들한테는 쪼다라고 놀림을 받기도 하죠. 정말 이러지도 저러지도 못하는 상황인 거예요.

게다가 주변 친구들 역시 비슷한 불균형 상태이기 때문에 쉽게 갈등이 생기고 서로에게 상처를 주는 경우도 많아요. 혼자만으로도 충분히 숨 막히는 이 상황에, 부모까지 불안감에 휩싸여 도와주기는커녕 강압적으로 통제하려고만 하니 아이는 얼마나 숨통이 조이겠어요? 사춘기의 변화에 대한 난처함은 사실 부모보다 아이가 더 크게 느끼고 있다는 거예요.

문제아라고 낙인찍고
죄인 취급 하지 마세요

　저는 '중2병'이라는 말을 싫어해요. 정밀한 분석도 하지 않고 그 말 안에 아이가 가지고 있는 모든 문제를 깡그리 쑤셔 넣어 버리기 때문이죠. "사춘기 땐 원래 그래." "사춘기 애들이 다 그렇지 뭐." 하면서 어른들은 사춘기 아이의 행동을 대수롭지 않게 여기고, 아이도 '나는 사춘기니까.'라고 생각하며 자신의 지나친 행동까지 정당화하기 쉬워요. 그러면서 위안을 얻는 거지요. 하지만 이런 행동은 현실 도피와도 같아요. 이유도, 해결책도 모르기 때문에 애써 외면하는 거지요.

　사람들이 사춘기의 문제를 면밀하게 분석하지 않는 이유는 또 있어요. 이 시기의 아이들은 영향력이 없기 때문이죠. 우리는 보통 정치적으로든 경제적으로든 영향력 있는 사람들이 특정 행동을 취하면 '왜 그랬을까?' '저 행동의 저의는 뭘까?' 하며 너도나도 떠들썩하게 분석하는 걸 좋아하잖아요. 그런데 사춘기 아이들은 영향력은 전혀 없으면서 문제만 일으키는 한낱 사고뭉치, 골칫덩이들인 거예요. 그래서 '사춘기'라고 하면 무조건 '문젯거리'라 여기고 일단 죄수 취급을 하고 봐요. 사회에 해악을 끼치는 범죄자들처럼 통제해야 할 '특별 관리 대상'으로 보는 거지요. "에이, 뭐 그렇게까지 생각해." 하고 말할지도 모르지만, 냉정하게 생각해 보면 분명 그런 면이 있어요. 우리 사회는 범죄자들을 두려워하듯 이 아이들이 무슨 짓을 할지 몰라 두려워서 일단 통제하고 보는 거예요.

농경 사회에서 사춘기 아이들은 분명한 영향력을 지닌 어엿한 노동 인력이었어요. 게다가 결혼을 일찍 했기 때문에 아이를 낳아 인구를 늘리는 데도 기여했지요. 산업 사회가 되어서도 분명한 아이들의 자리가 있었어요. 바람직한 현상은 아니지만 공장 노동자의 절반 이상이 사춘기 연령대의 아이들이었으니까요. 일제 강점기에는 독립운동의 주축이었기 때문에 이 아이들을 식별하고 특별 감시를 하기 위해 교복을 입히고 머리를 빡빡 깎

게 했던 거고요. 군사정권 아래에서 민주주의를 외치며 목숨 걸고 거리로 나온 사람들 중 많은 수가 이 시기의 아이들이기도 했지요. 이처럼 과거에는 의미 있고 정의로운 일을 하는 사람들 속에 늘 사춘기 연령대의 아이들이 끼어 있었어요. 그만큼 아이들이 영향력 있는 존재로 사회에서 인정받고 있었다는 거예요. 그런데 오늘날의 사회는 우리 아이들을 어떻게 대하고 있나요? 두발을 규제하고 똑같은 옷을 입혀서 통제하고 있어요. 마치 죄수들 관리하는 것처럼요.

혹시 나도 지금 우리 사회처럼 사춘기인 내 아이를 지나치게 통제하려고 한 건 아닌지 생각해 보세요. 문제는 아이마다, 상황마다 다른데 그 문제를 해결하는 방법은 죄수한테 하듯 획일화되지 않았던가요? 대부분의 어른들은 사춘기 아이의 문제를 해결하기 위해 통제하는 방법을 써요. 그 외의 다른 방법은 생각조차 해보려 하지 않는 경우가 많죠. 유아기나 초등학교 저학년 때까지는 부모들끼리 서로 이야기도 많이 나누고 육아 정보도 찾아보며 나름대로 아이들의 문제를 분석하고 분류하려 애를 써요. 그래서 문제의 종류에 따라 각기 다른 해결 방법을 고민하고 그중 가장 나은 걸 선택하죠. 하지만 사춘기는 문제의 종류가 굉장히 다양한데 그것을 이해하고 해결하는 방법은 너무 어렵고 뜻대로 되지 않다 보니 그저 통제만 하는 거예요. 아이들에게는 이게 다 너희들을 위한 거라고 하면서요. 부모나 선생님, 어른들의 통제가 먹히지 않는 이유는 바로 이 때문이에요. 면밀한 분석이나 이해 없이 무조건 강압적으로 대하고 기존의 획일화된 방법만 쓰기 때문인 거죠. 아이들이 그게 힘겨워서 튀어나가려 하면 더 강하게 누르고요. 그러면서 사춘기가 빨리 지나가기만 바라죠. 그러다 보니 아이들의 마음속엔 억울함이 쌓이고 그게 심해지면 어느 순간부터 그 억울함으로부터 그리고 부모로부터 벗어나고 싶어지는 거예요.

똥고집의 이면을 잘 보면
억울함이 숨어 있어요

요즘 사춘기 아이들은 너 나 할 것 없이 억울한 상황에 놓여 있어요. 사람은 언제 억울함을 느낄까요? 진심을 담아 솔직하게 얘기했는데 상대가 믿어주지 않을 때, 열심히 노력했는데 결과가 좋지 않을 때, 상대가 나에게 부당한 힘을 행사할 때, 자존심이 뭉개졌을 때, 내가 아무리 노력해도 상황이 바뀌지 않을 것 같아 무력할 때 억울함을 느껴요. 그렇다면 억울할 때 사람은 보통 어떤 행동을 할까요? 화를 내죠. 반항하고 소리 지를 거예요. 나를 억누르고 억울하게 만든 사람에게 분노를 표출하겠죠. 사람은 억울하면 자신을 규제하는 체제를 아예 무시하거나 상대방의 말을 듣지 않으려는 경향이 있어요. 체제가 엄격할수록,

상대방의 권위가 높을수록 억울함은 더 커지지요. 그렇게 억울한 일을 속수무책으로 당하고만 있는 자신이 한심하게 느껴지기 때문이에요. 억울함이 심하면 기분이 울적해지고 마음이 가라앉기도 하죠. '내가 이 정도밖에 안 되니까 이런 대우를 받지.' 하는 자책 혹은 열등감에 빠지는 거예요. 그런데 이 모습, 사춘기 아이들의 행동 특성과 많이 비슷하지 않나요? 아이들도 인간의 보편적인 심리와 행동을 따라가고 있는 것뿐이라는 거예요. 즉, 아이들의 행동 저변에는 억울함이 있다는 거죠.

중학교 1학년 남자아이가 있었어요. 조금 소심한 편이긴 해도 머리가 무척 좋았지요. 그 아이가 제게 오게 된 이유는 아무것도 하고 싶어 하지 않아서였어요. 늘 무기력하고, 부모에게 크게 반항하는 건 아닌데 무슨 말을 해도 도통 듣질 않는다는 거였죠. 실제로 만나 보니 그렇게 부모를 애먹일 아이는 아니었어요. 무척 양순했죠. 아이가 의욕을 잃고 부모 말을 안 듣는 이유는 마음 깊은 곳에 쌓여 있는 억울함 때문이었어요.

첫 번째 상담에서 아이는 아빠가 고집이 너무 세다고 불평했어요. 아빠는 본인 생각만 옳다고 우기면서 자기 말은 도통 들으려 하지 않는대요. 하지만 제가 볼 땐 이 아이도 만만치 않았

죠. "아빠랑 평소에 대화를 많이 하는 모양이구나." 했더니 서로
알고 있는 지식에 대한 이야기를 주로 한다더군요. 그런데 자기
가 조금 어려운 책을 읽고 이야기를 하면, 대학 교수인 아빠는
대뜸 "그건 네가 잘못 알고 있는 거야." 한다는 거예요. 물론 아
이가 알고 있는 사실이 부정확하니까 제대로 알려 주려고 한 것
일 테지만 이 아빠가 모르는 게 있어요. 아이가 자신이 읽은 책
이야기를 하는 건 아빠로부터 인정을 받고 싶은 마음이라는 거
거든요. 아이는 "너 그런 것도 아니? 우리 아들 제법인데!" 하는
말이 듣고 싶었던 거예요. 그런데 아빠는 칭찬은커녕 매번 틀렸
다는 지적에 잔소리 같은 설명만 늘어놓았던 거죠. 가족 여행을
앞두고 여행지나 숙소를 정할 때도 다 아빠 마음대로였대요. 아
이가 의견을 내면 "모르는 소리 마. 이렇게 해야 더 좋아." 하면
서 들은 척도 안 하고요. 이 아빠는 일부러 아이를 무시하거나
윽박지른 건 아니지만 이런 과정들이 쌓이다 보면 아이는 마음
이 상해 버려요. 점점 아빠의 말은 듣기 싫고, 아빠랑 얘기하고
싶은 마음이 안 생기는 거예요.

아이의 두 번째 불만은 아빠가 두 살 터울의 여동생만 편애한
다는 것이었어요. 얘기를 들어보니 여동생은 여우고 이 아이는
곰이었어요. 한번은 동생이 하도 자기를 툭툭 치고 건드리길래

참다못해 한 대 쥐어박았더니 동생이 아파 죽겠다며 울고불고 난리를 친 거예요. 그러자 아빠가 동생을 왜 때렸느냐며 자기만 혼을 냈대요. "네가 상황을 설명하면 되잖니?" 했더니 소용없다는 거예요. 사실 그런 상황에서 혼이 났다는 건 조금 꾸지람을 듣는 정도였을 거예요. 그런데 아이가 정말 억울해한 지점은 혼이 났다는 사실 자체라기보다는 동생이 먼저 잘못했는데 왜 만날 동생 편만 드느냐는 것이었죠. 그래서 따지고 들면 아빠는 동생은 어린 데다 여자라서 그렇다고 설명한대요. 아이는 그 말이 정말 납득이 안 된다고 했어요. 자기는 5학년 때나 4학년 때, 아니 아주 어릴 때부터 언제나 "넌 오빤데……." 하면서 용서해 준 적이 없었다는 거죠. 아이는 이 얘기를 하면서 서럽게 울었어요. 그러면서 자기가 아무리 말해도 아빠는 생각을 바꾸지 않는다며 이젠 아빠가 무슨 말을 하든 안 듣고 싶다고 하더라고요. 무조건 말을 안 들어야겠다는 생각이 든대요.

그래서 제가 아이에게 "너는 누군가의 충고나 조언을 받아들이는 걸 패배라고 생각하는 것 같네. 그걸 순순히 받아들이면 네가 지는 것 같고 자존심 상하고 기분이 나쁘니?" 하고 물었더니 그렇다고 하더라고요. 그러면서 손가락으로 아빠를 가리키길래 "네가 보기에 아빠도 그런 사람 같니? 그럼 두 사람 다 고집이 보통이 아니겠구나. 그런 사람들은 상대방의 이야기가 옳다는 걸 뻔히 알면서도 순순히 받아들이는 게 싫어서 말 그대로 '고집을 위한 고집'을 부려. 똥고집에 억지지 뭐. 자기 생각을 안 바꾸려 하고. 너도 네가 옳다는 걸 증명하려고 갖은 이유를 동원하잖니. 아빠 이야기를 들어보니 아빠가 '방 좀 치워라.' 하면 '내가 어질러놓은 거 아니거든요.' 하고, '네가 어지른 게 아니어도 좀 치우면 안 되니?' 하면 '자기가 어지른 건 자기가 치우라면서요?' 하며 네가 맞다고 우긴다면서? 사실 근데 그건 좀 어이없고 이기적인 논리잖아. 안 그러니?" 했더니 아이가 아무 말도 못하더라고요.

사춘기 아이가 똥고집을 부릴 때는 그 안에 늘 억울함이 깔려 있어요. 편애를 당하거나 부당하게 혼이 났을 때는 특히 더 그렇죠. 아이의 똥고집을 잡으려면 아이의 억울함부터 풀어줘야 해요. 저는 그 아이의 아빠에게 남자아이들은 여자아이들보다 빠르면 1년, 늦으면 2년 정도 성숙이 더디다는 사실을 말해 줬어요. 두 살 차이면 두 아이의 성숙도를 거의 비슷하게 봐야 한다고 말이죠. 그러니까 오빠라서 이해하고 양보해야 한다는 말은 이제 그만하고 아이가 억울해하는 걸 좀 들어주고 인정해 주라고요. 특히 동생이 시작했는데 마지막 반응 때문에 오빠가 혼나게 된 경우는 더 그래요. 동생이 먼저 건드려서 오빠도 때린 거라면, 그 잘못을 구분해서 이야기해야 해요. "동생이 너를 툭툭 건드린 건 분명 먼저 잘못한 거야. 그건 아빠가 나중에 따로 혼내 줄게. 동생이 그러니까 너도 화가 나서 때렸다는 건 아빠도 알아. 하지만 폭력은 어떤 경우에도 좋은 해결 방법이 아니야."라고 얘기해 줘야 하는 거죠.

형제 관계에서 억울한 마음이 쌓이다 보면 그 양상이 다른 관계에까지 확장될 수 있어요. 특히 큰애가 오빠고 작은애가 여동생인 경우 부모들이 딸에게는 좀 유한 경우가 많죠. 또 아들에게는 융통성 없이 지나치게 엄격하게 대하는 경우가 많고요. 그런 부모들의 머릿속에는 아들은 남자니까 좀 강하게 키워야 한다는 전통적인 사고방식이 있어요. 그런데 아이 입장에서는 여동생에게만 한없이 허용적인 상황이 가혹하게 느껴져요. 사실 그게 당연한 심리거든요. 그런데 정말 문제는 그런 억울함이 계속 쌓이면 피해 의식으로 바뀐다는 거예요. 자신에게 중요한 사람과의 관계에서 생긴 갈등이 제대로 해결되지 않으면, 나중에 비슷한 상황이 발생할 경우 과거의 경험이 상기되면서 억울함이 피해 의식으로 되살아나요. 부모와의 갈등은 자신이 풀 수 없는 것, 감당할 수 없는 것이기 때문에 갈등의 뿌리는 그대로 놔

둔 채 억울함의 원인을 다른 데서 찾는 거죠.

좀 극단적인 예를 들어볼까요? 아까 그 남자아이가 성인이 되어 취직을 했는데 회사 대표가 여자예요. 그런데 어느 날 실수를 저질러서 대표한테 혼이 좀 났어요. 그러면 "고추도 없는 게……." 하면서 아무 이유나 갖다 붙여 여자 대표를 비난할 수도 있다는 거예요. 여동생에게 느꼈던 억울함을 일반화시켜 "여자애들은 다 싫어." 혹은 "여자들이란……." 하면서 무의식적으로 자신의 피해 의식을 여성 탓으로 돌릴 수 있다는 거죠.

게다가 사춘기 때는 성 정체성을 제대로 확립하는 게 굉장히 중요한 과제인데, 이렇게 남녀 차별에서 억울함이 쌓이는 경우 나중에는 아주 심각한 문제를 야기할 수 있어요.

부모들은 종종 남자가 여자를 보호해야 한다고 가르치지요. 그런데 아이가 막 성 정체성을 형성해 나가는 시기에는 이런 가르침이 썩 좋지는 않아요. 사람은 상대가 남자든 여자든 늘 상대방을 존중하고 보호해 줘야 한다고 가르쳐야지, '남자는 이래야 하고, 여자는 저래야 한다'는 식으로 말해 버리면 아이의 성 정체성이 건강하게 형성되기 어렵거든요.

어때요? 처음에는 아이가 말도 안 되는 고집을 피운다는 아주 단순한 문제 상황이었는데 생각보다 후폭풍이 크지요? 억울함이 이렇게 무서운 거예요. 아이의 억울함은 그때그때 풀어주는 게 중요해요. 아이가 똥고집만 부린다고 답답해하기 전에 아이의 마음부터 헤아려주세요.

다그치지만 말고 아이의 억울함을 좀 인정해 주세요

사춘기 아이들이 억울함을 느낄 만한 상황은 이 시기 아이들의 일상 도처에 깔려 있어요. 부모가 편애할 때, 귀가 시간 때문에 잔소리 들을 때, 선생님이 나에게만 부당한 대우를 하는 것 같을 때, 친구가 놀릴 때, 공부 못한다고 구박 받을 때, 잘못한 것도 없는데 혼이 날 때 등등, 수도 없이 많죠. 이럴 때 부모가 겉으로 드러나는 아이의 행동만으로 무조건 혼을 내거나 설명을 늘어놓으며 설득하려 해선 안 돼요. 이 시기 아이들은 일단 '인정'을 해줘야 해요. 사안이 뭐든 간에 아이가 억울하다고 하면 '그럴 수도 있겠구나.' 하고 인정해 줄 필요가 있어요. 그렇게 아이의 마음부터 읽어준 다음에 그 상황을 되짚어 가세요. 일단 아이의 얘기부터 들어준 다음, 아이에게 어떤 점이 문제였는지, 어떻게 바꿨으면 좋겠는지에 대해 친절하게 설명해 줘야 해요. 훈계하려는 자세로 심각하게 접근하면 오히려 부작용이 생길 수 있어요.

아이들이 친구 관계에서 가장 억울해할 때는 놀림을 당했을 때예요. 친구들이 굴욕적인 장난을 치거나 심한 말을 아무렇지도 않게 할 때 아이들은 굉장히 힘들어 해요. 특히 공개적인 장소에서 남들 다 보는데 놀림을 당하면 더 억울하고 힘들죠. 아이가 이런 상황을 집에 와서 얘기했다고 생각해 보세요. 다 듣고 보니 내 아이가 좀 예민하게 반응한 것 같아요. 그럼 어떻게 해야 할까요?

가장 먼저 해야 할 일은 내 아이 편부터 들어주는 거예요. 아이의 마음을 충분히 공감한다고 확실하게 표현해 주면 돼요. "남의 귀한 자식한테 어디 그따위 말을 한다니? 걔 진짜 웃긴다. 걔가 그렇게 잘났니? 너나 잘하라고 하지 그랬어."라고 통쾌하게 말이죠. 그 말이면 우선 아이 기분이 풀려요. 그러고 나서 "그런데 걔가 왜 그런 말을 했을까?" 하고 묻는 거죠. 그 상황에 대한 아이의 판단을 들은 다음 "혹시 네가 좀 예민하게 반응한 건 아닐까? 엄마가 보기엔 그냥 별생각 없이 한 말 같은데." 하면서 이야기를 풀어가는 게 좋아요. 아이의 마음과 생각을 알기 전에 부모가 별일 아니라는 듯 대수롭지 않게 "야, 뭐 그깟 일에 그렇게 예민하게 반응하고 그래?" 하고 말하거나 "네가 공부를 잘해 봐. 걔가 널 그렇게 무시하겠니?" 하는 식의 감정적인 반응을 보여선 안 돼요. 아이가 심각해하면 부모도 우선은 심각하게 받아들여 줘야죠. 그게 아니라면 심각한 척이라도 하는 게 좋아요.

아이는 학교 선생님에게도 억울함을 많이 느껴요. 선생님의 부당한 처사 때문에 아이가 욱했는데 징계라도 받게 된다면 아이 입장에서는 학교에 불이라도 지르고 싶은 심정이 되죠. 그럴 때 제3자가 "너 되게 억울하겠구나. 내가 보기에도 이번에는 네가 좀 부당하게 당한 것 같아. 언제 기회가 되면 네가 나쁜 의도로 한 행동은 아니었다고 얘기해 줄게." 하면 억울함이 좀 풀려요. 부모나 친구들이 "선생님이 너무했다." "너희 선생님 왜 그러냐?" "너 진짜 억울하겠다." 하는 말을 들으면 아이의 억울함이 좀 덜해진다는 거예요. 내 마음을 누군가가 알아준다는 것, 이해하고 있다는 것 하나만으로도 많은 문제가 해결되는 거죠. 그다음엔 스스로 치유가 가능해지고요. 억울함이 가득 차 있는 아이를 다그치는 것은 아무 도움이 되지 않아요.

가끔은 아이 혼자 억울함을 느낄 때도 있어요. 다른 아이들은 모두 존경하고 좋아하는 선생님인데 자기는 아닌 것 같다고 느끼는 거죠. 이런 경우, 그 선생님의 수업 방식이나 아이들을 대하는 방식이 내 아이와 맞지 않는 거예요. 선생님이 "공부 잘하는 사람은 뭐든지 잘하더라고."라는 말을 습관처럼 하는데 그 말이 아이 귀에는 거슬릴 수 있다는 거죠. '어떻게 저런 말을 할 수가 있어?' 하는 생각이 드는 거예요. 이런 아이들에게 저는 이렇게 말해 줘요.

　"네 말도 맞아. 그 선생님이 좀 더 세심하게 아이들의 특성을 다 고려해서 말과 행동을 했더라면 좋았을 텐데 말이지. 그런데 사실 학교는 '집단'이기 때문에 그 학교에 있는 모든 구성원들을 한 명 한 명 다르게 대한다는 건 현실적으로 불가능한 일이야. 그래서 선생님들은 각자 자기 방식을 취할 수밖에 없는 거지. 물론 그 방식이 너랑 안 맞을 수도 있어. 선생님의 말이나 행동이 정 납득이 안 되면 '선생님, 저는 이유를 좀 알았으면 좋겠어요.' 하고 한번 여쭤봐. 그럴 때 너의 요구를 유연하게 받아들여 주는 선생님은 그래도 품성이 좋은 사람일 거야. 만약 그렇지 않다면 그냥 너랑 안 맞는 사람이라 생각하고, 좋은 사람이 아니라고 무시해 버려. 하지만 너도 선생님이 무슨 말을 할 때마다 모든 아이들을 고려할 수 없다는 점만은 인정해 줘야 해. 그게 유난히 너한테만 불편하고 거슬린다면 그 이유를 너한테서도 한번 찾아봐. 그 이유를 찾고 스스로 해결할 방법을 찾아보는 거야. 그렇지 않으면 나중에 사회에 나가서 더 힘들어질 수도 있어. 그땐 이것보다 더한 일도 수없이 많을 테니까."

억울해서 팔짝팔짝 뛰고 있는 아이에게 "소리 질러봐야 너만 손해야." 하는 식으로 냉정하게 이야기하는 것은 아무 도움이 안 돼요. 아이의 감정과 억울한 마음을 인정하고 이해해 주는 게 먼저예요. "네가 지금 엄청 화가 나 있는 건 알겠어. 엄마라도 네 상황이면 화날 것 같아." 했는데도 아이가 계속 화를 내면 "화난 건 알겠는데, 엄마한테 그럴 건 없잖아. 너 나한테 화난 거니?" 하고 물어주세요. 아이가 아니라고 하면 "네가 많이 화가 나 있다는 거, 알아. 그러니까 좀 진정하고 왜 화가 났는지 얘기 좀 해줘."라고 말하며 아이가 분노 상태에서 벗어날 수 있도록 조금씩 이끌어주는 거죠. 이런 식의 대화에는 '내가 네 마음을 알겠어, 네 마음을 인정해, 내가 너를 도와줄게, 네 이야기를 들어줄게.' 이 모든 의미가 다 들어 있어요. 이렇게 대화하면 아이도 조금씩 마음이 진정되죠. 또 내가 지금 이야기하고 있는 상대가 나를 화나게 한 대상이 아니라면 흥분하지 말고 이야기해야 한다는 것도 스스로 알게 돼요.

이렇게 아이와 대화가 가능해지면 우선 아이가 화를 내고 있는 대상이 아이 자신에게 얼마나 중요한 사람인가 하는 점을 이야기해 보세요. "네가 화가 난 상황은 알겠는데, 그 사람이 너한테 얼마나 중요한 사람인지 한번 생각해 볼래?" 하고 주제를 던져주면서 잠시 생각해 보게 하세요. 그 과정을 통해 아이는 자신과 상대의 관계를 객관적으로 평가하게 돼요. 그다음에는 아이의 감정을 스스로 객관화시켜 보도록 하는 거예요. 문제 상황에 대한 아이의 반응이 과하거나 사회적 상식을 넘어서는 것이라면 그 점을 꼭 짚어줘야 해요. 전후 사정을 떠나 그 행동 때문에 아이가 잘못을 다 뒤집어쓸 수 있다는 이야기를 해줘야 한다는 거죠. "엄마가 보기에도 시작은 선생님이 잘못했어. 나라도 충분히 화가 났을 거야. 그런데 마지막에 네가 선생님한테 한 행동은 누가 봐도 버릇없고 해서는 안 되는 거였어. 그것 때문에 네가 징계를 받게 된 거지." 하고 말이에요.

조금만 져주면
관계가 훨씬 편해져요

　의욕 없고 말 안 듣는다던 중학교 1학년 남자아이 사례에서 제가 아이 아빠에게 해줬던 중요한 말이 있어요. "공부는 다른 사람한테 배울 수 있지만 부모 자식 간의 관계는 다른 사람이 절대 대체해 줄 수 없다."라는 것이었죠. 그 아이가 아빠와 나누고 싶었던 건 과학 지식이 아니었어요. 그저 "너 정말 많이 알고 있구나." 하는 칭찬을 듣고 싶었던 거죠. 아이에게는 져줄 줄도 알아야 해요. 폭력이나 폭언이 오가는 그런 싸움에서 져주라는 것이 아니라 아이가 자기 의견을 이야기할 때 그게 맞든 틀리든, 옳든 그르든 인정해 주고 때로는 좀 과장해서 치켜 세워주기도 해야 한다는 거예요. 아이가 아무리 똑똑해도 인생살이 경험이

30년이나 앞선 부모를 무슨 수로 이기겠어요. 그러니까 지식이나 삶의 경험이 부족하다는 이유로 아이를 기죽여서는 안돼요. 이 아이는 사실 아빠를 이상형으로 생각하는 면이 없지 않았거든요. 아빠 앞에서 자기가 새롭게 안 지식을 얘기하는 것은 아빠에게 인정받고 싶다는 욕구 때문인데, 매번 거부를 당하니 아이가 억울함에 기를 못 펴는 게 당연하죠.

그런데 제가 이렇게 얘기하니까 그 아빠 말이, 자기는 아이의 일상생활에 대한 이야기를 나누고 싶은데 아이가 자꾸 과학 얘기만 한다는 거예요. 그건 그 아이에게 지금 편한 주제가 그거라는 뜻이거든요. 그럴 때는 아이가 이야기하고 싶어 하는 주제로, 아이가 좀 아는 척할 수 있는 대화를 유도하는 편이 좋아요. 시간이 지나면 아빠와 나누었던 대화는 느낌만 남지 내용은 잘 기억나지 않거든요. 무슨 얘기를 했는데 그때 아빠가 "우아, 대단한데! 그런 것도 알아?"라면서 어깨를 쳐주었던 것, 자기를 대견해하던 아빠의 표정을 보고 스스로 조금 우쭐했던 기분 정도가 남는 거죠. 그때 아빠가 정색을 하고 자세히 설명해 준 '원자란 무엇인가?' 하는 내용은 하나도 기억 못해요. 그러니 아이가 으쓱하게 한 번쯤 져주는 것도 필요해요.
아이가 사춘기를 무난히 보내고, 부모가 아이의 사춘기를 잘

견뎌내는 데 무엇보다 중요한 건 바로 부모 자녀 간의 긍정적인 관계예요. 관계가 어그러져 있으면 서로를 더 자극하게 되고 더 튕겨 나가게 되죠. 그러니까 아이가 사춘기 초입에 들어선 초등학교 고학년 정도의 나이라면 더더욱 좋은 추억을 많이 쌓아 유대감을 형성하고, 부모는 언제나 네 편이라는 인식을 심어줄 필요가 있어요. 그 관계를 바탕으로 아이가 사춘기 초입을 편안하게 지나고 나면 그 뒤로는 조금 수월해지거든요. 그러면 몇 년 동안 극심한 사춘기를 겪더라도 무사히 제자리로 돌아오는 경우가 많아요.

부모라는 권력을 이용해 아이를 굴복시켜 버리면 아이는 당연히 억울해져요. 분노도 생길 테고요. 그 분노가 밖으로 향해 버리면 동생을 때리고 친구를 괴롭히고 지나가는 사람에게 이유 없이 시비를 걸 수도 있어요. 반면, 분노가 자기를 향하면 의욕이 없어지고 우울해지지요. 부모들은 아이가 틀린 걸 꼭 짚어줘야 한다고 생각하는 경우가 많아요. 자식이니까 잘못된 것은 고쳐주고 제대로 알려 줘서 바르게 키우고 싶다는 마음을 왜 모르겠어요. 하지만 그 순간 아이는 정확한 설명보다는 부모가 자기를 인정해 주지 않았다는 사실, 자기 편을 들어주지 않았다는 사실 하나만 받아들이고 기억해요. 그러면서 조금씩 부모의 말을 듣지 않게 되죠. 순응하면 왠지 지는 것 같아서 반항하기 시작하고요. 부모의 말이 옳든 그르든 아이에겐 상관없어요. 무조건 말을 듣지 않는 게 목표니까요. 말도 안 되는 고집을 부리고 온갖 이유를 갖다 대며 자신의 말과 행동을 합리화하기도 하고요. 언뜻 보면 정말 '똥고집' 같아 보이지만 사실 그 마음 저변에는 '억울함'이 켜켜이 쌓여 있다는 것, 그걸 생각해 주세요. 조금만 져주고 인정해 주세요. 그럼 아이가 조금씩 바뀌어가고 있는 게 보일 거예요.

"뭘 그렇게 자꾸 깨물어요?"
"나한테 해준 게 뭐가 있다고!"
갑자기 꽥 소리치고 욕까지 하는 아이
정말 이대로 둬도 되는 걸까···

아이는 지금 터지기 일보 직전이에요

사춘기 아이들의
이분법적인 생각

해달라는 건 대부분 다 해주는데 한 번 안 들어줬다고 "나한 테 해준 게 뭐가 있다고 그래?"라며 부모를 허무하게 하고, 다른 집에 비해 우리 집은 분명 개방적이라고 생각했는데 어쩌다 한 번 원하는 걸 허락해 주지 않으면 "왜 다른 집은 다 되는데 우리 집만 안 되는 건데?"라고 소리치지요. 가능하면 스트레스 안 주고 편하게 해줬더니 "다른 부모님은 '너는 의대 가서 의사 가 됐으면 좋겠다.'라는 말도 하고 그런다는데, 왜 엄마, 아빠는 아무 말도 안 해? 나한테 기대가 없는 거야? 내가 공부를 못해 서 그래? 내가 그렇게 못났어?"라며 말도 안 되는 투정을 부려 요. 대체 왜 그러는 걸까요?

사춘기 아이들의 생각은 대단히 이분법적인 경우가 많아요. 충분히 납득할 때까지 설명해 주지 않으면 분해서 어쩔 줄 몰라 하죠. 설명을 한다 해도 자기 생각과 맞지 않으면 아무리 얘기해도 듣지 않으려 하고요. 아주 단순한 예를 들어, 이불 좀 개라고 하면 밤에 또 덮을 이불을 왜 굳이 개야 하는지 납득을 못하는 거예요. 그래서 "왜 꼭 개야 하는데? 어차피 이따 또 펼 건데 뭐 하러 그래?" 하고 반박해요. 아이가 이불 하나 개는 것까지 토를 다니까 부모는 짜증이 나죠. 그래서 "야! 하루 종일 방바닥에 깔아놓으면 먼지가 얼마나 많이 앉겠니? 너 먼지 덮고 잘래? 이불 하나 개어놓는 게 뭐가 그렇게 힘들다고 그래? 그렇게 기본적인 정리 정돈 하나 못해서 어떻게 살래?" 하고 쏘아붙이게 되고요. 그러면 아이는 "에이, 씨! 내 책상은 내가 항상 깨끗이 치우잖아!" 하면서 따지고 들어요. 아이 생각엔 책상은 치워도 이불은 갤 필요가 없는데 엄마, 아빠는 무조건 하라고만 하고, 정리 정돈 못한다는 비난까지 듣다 보니 열이 확 받는 거예요. 부모님들 생각엔 이불 개는 거 하나에 뭐 저렇게 난리를 피우나 싶겠지만 사춘기 아이들에게는 중간이란 게 없어요. 나를 인정해 주지 않으면 무시한다고 생각하죠. 한마디로 '모' 아니면 '도'인 거예요.

세상에 완벽한 사람은 없어요. 아무리 완벽한 사람이라 해도 항상 모범적인 행동만 할 수는 없죠. 어쩌다 말실수를 할 때도 있는 거잖아요? 하지만 사춘기 아이들은 이걸 받아들이지 못해요. 한 사람 안에는 좋은 점, 미숙한 점이 모두 공존한다는 아주 당연한 사실을 인정하지 못하는 거예요. 평소에 아무리 잘해 줘도 한번 잘못하면 금세 배신감에 치를 떨며 완전히 등을 돌려버리기도 하고, 장점이 매우 많은 사람을 아주 작은 단점 하나로 완전히 평가 절하 해버리기도 하죠. 이런 현상은 아이가 기대를 많이 한 대상이나 중요하게 여기는 사람들에게 더한 경향이 있어요. 그래서 선생님한테 쉽게 실망하고 아무것도 아닌 일에 부모로부터 마음 상하는 경우가 많은 거예요. 이런 것 때문에 사춘기 아이들은 아주 시니컬해지기도 해요. 사람이 싫고, 세상도 싫고, 믿을 게 하나도 없다고 생각하는 거죠. 아이는 자기 자신에게조차 '모 아니면 도' 원리를 적용해요. 열 번 잘하고 한 번 실패해도 '어떻게 이런 점수를 받을 수가 있담. 난 정말 형편없어.' 하고 크게 좌절해 버리는 거죠.

사춘기 아이들이 이분법적으로 사고하는 이유는 아직 통합적 사고가 미숙한 나이이기 때문이에요. 통합적 사고가 가능해야 한 가지 현상을 여러 관점에서 다양하게 볼 수 있거든요. 이 시기 아이들은 그게 부족하기 때문에 자신이 몰입하고 있는 한 가지 관점으로만 세상을 보는 거죠. 대표적인 게 바로 '귀가 시간'이에요. 부모는 세상이 위험하니까 일찍 들어오라고 하는 건데, 아이는 부모가 자기를 신뢰하지 않는다고 생각해요. 나쁜 짓을 하는 것도 아니고 내 앞가림 정도는 스스로 잘하는데 왜 못 믿느냐는 식인 거죠. 게다가 아이가 지금 무엇에 몰두해 있는지 파악하지 못했거나, 인지는 했다 해도 그걸 아이와 다른 관점에서 보게 되면 부모와 아이는 계속 충돌할 수밖에 없어요. 그럼 어떻게 해야 이 충돌을 줄일 수 있을까요?

내 아이와 밀당하기? 적당한 거리를 유지해야 충돌이 덜해요

사춘기 아이와 충돌하지 않으려면 부모의 말이나 행동에는 언제나 객관성과 합리성이 있어야 해요. 아이를 하나의 인격체로 존중해 줘야 하는 것은 기본이고요. 이때 말하는 객관성과 합리성이란 누가 들어도 거부감 없이 받아들일 수 있는 일반적이고 상식적인 원칙을 의미해요.

초등학교 고학년만 돼도 담배에 대한 호기심이 생겨요. 실제로 담배를 피우는 아이도 더러 있고요. 이때 "친구가 한번 피워보라고 해도 절대 피우면 안 돼. 잘못하면 퇴학당할 수도 있어."라고 아무리 설명해 봤자 "네, 담배는 피우면 안 되겠네요." 하고 곧장 수긍하는 아이는 없어요. 그럴 때는 좀 과장되게 느껴지더라도 객관적인 정보를 바탕으로 한 접근이 오히려 효과적일 수 있어요. 요새 담배 광고처럼 말이죠. "담배는 애한테나 어른한테나 몸에 해로워. 담배 속에는 타르, 중금속 같은 발암 물질이 들어 있거든. 발암 물질을 왜 입에 대? 그걸 네가 입으로 직접 빨아들이는 순간, 그 발암 물질이 폐 속에 쌓이는 거야. 그러니 어떤 어른이 너희한테 담배를 피우라고 하겠니?"라고요. 아주 상식적이고 구체적으로 설명해야 하죠. 아이들이 담배 피우는 걸 단순히 "어른 흉내 내면 못써!" 하는 논리로 혼내는 건 금물이에요. 그건 선생님들도 마찬가지죠. "공부도 못하는 것들이 벌써부터 담배나 입에 대고!" 할 것이 아니라 "건강에도 해롭고 학교에서도 허용하지 않는 행위를 그냥 내버려 둘 수는 없어."라고 하면 아이들이 훨씬 더 이성적으로 받아들여요.

또 다른 예를 들어볼까요? 부모가 보기에 아이가 요새 어울리는 친구가 확실히 문제가 있어 보여요. 그래서 "네 친구들 좀 문제가 있어 보이던데, 괜찮은 거야?" 하고 물어봤어요. 그러면 아이는 대번에 "걔네들이 얼마나 착한데요."라고 반박하고 친구를 옹호하게 마련이에요. 이때 아이의 말에 객관적으로 반응한다면 "그렇지, 걔도 착한 면이 있겠지."일 테고, 객관성을 잃으면 "야, 내가 볼 때는 걔들 다 형편없던데 뭘." 하고 대답하겠죠. 그러면 아이는 욱해서 "엄마가 내 친구를 어떻게 다 알아요?" 하면서 대들게 될 거예요. 부모는 어떤 상황에서도 자기 생각을 먼저 이야기하기 전에 아이의 이야기를 차근차근 다 들어본 다음 가능한 객관적인 입장에서 말해야 해요. 안 그러면 아이가 감정적으로 반응하게 돼요.

아이와의 충돌을 줄이려면 객관성과 합리성 말고도 한 가지 더 유념할 게 있어요. 바로 '아이와의 적당한 거리 유지'예요. 사춘기 아이와 부모 사이에는 어느 정도 거리가 있어야 해요. 그래야 아이가 자신을 하나의 독립된 개체로 볼 수 있거든요. 부모도 아이를 자기 소유물이 아닌 하나의 인격체로 받아들일 수 있고요. 이 시기까지 아이와 너무 엉겨 붙어 있으면 아이는 물론 부모까지 정작 자기 자신의 모습을 제대로 보지 못하게 돼요.

아이가 "저 좀 나갔다 올게요." 하면 누구를 만나느냐 정도는 물어도 돼요. "친구들 만나러 가요." "학교 친구들?" "네." "몇 시까지 올 생각인데? 늦게 오면 엄마가 걱정하는 거 알지?" "10시까지 들어올게요." 이 정도까지가 거리를 유지해 주는 대화예요. 그런데 여기에 "누구누구 만날 건지 정확히 말해. 어디 가서 뭐 하고 놀 건데?" 하며 꼬치꼬치 캐묻기 시작하면 아이는 기분이 팍 상해 버려요. 사춘기 아이들은 대개 '독립적인 인간'이 되는 걸 지상 과제로 생각하거든요. 그런데 부모가 자기한테 너무 붙어 있다는 생각이 들면 부모를 떼놓는 데 혈안이 되어서 거기에 에너지를 다 써버려요. 그래서 정작 부모가 하는 중요한 말이나 충고는 받아들일 여력이 없어요. "뭘 그렇게 자꾸 물어봐요?" "뭘 알고 싶으신데요?" "몰라요, 몰라." 이렇게 되는 거죠. 그러다 보면 결국 갈등으로 끝나게 되고요. 그 이상이 정 궁금하면 "네가 이렇게 늦은 시각에 나가는데 엄마가 어떤 친구들이랑 만나는지는 대충 알고 있어야 하지 않을까? 혹시 뭔가 곤란한 일이 생길 수도 있으니까 말이야." 정도로 그치는 게 좋아요. 그게 바로 자식과 현명한 밀당을 하는 부모의 모습이에요. 너무 당기지 마세요. 그러다 줄이 끊어져 버리면 다시는 이어 붙일 수 없는 회복 불가능한 상황이 생길 수 있으니까요.

변화를 인정하지 않으면
아이는 평생 어린아이로 남아요

아이에게 이성 친구가 있다고 하면 대부분의 부모들은 어떤 반응을 보일까요? 저는 아들에게서 그런 얘기를 들었을 때 솔직히 속으로 적잖이 당황했었어요. '내 아이가 이제 사춘기인가?' 하는 생각이 갑자기 들었거든요. 아이의 사춘기가 시작됐다는 느낌이 들면 부모는 굉장히 당황하게 돼요. 배 속에서 나왔을 때 모습이 선한데 아이가 별안간 어른 같은 행동을 하니까요. 나도 모르는 사이 훌쩍 커버렸구나 하는 생각이 들면서 기분이 이상해지는 거죠. 어떤 부모는 이럴 때 불안감이 커져서 호시탐탐 잔소리를 하며 아이의 모든 것에 개입하려고 해요. 이성 친구를 '문제'라고 여기기 때문에 초반에 잡아야 한다는 생각으로 "당장 헤어져!"라고 호통치는 부모도 있고요. 그런데 그런 과정이 반복되면 아이는 '우리 부모님에게는 뭘 얘기해도 문제가 되는구나.'라는 생각을 하게 돼요. 그리고 그다음부터는 가능하면 자기 얘기를 안 하게 되죠.

부모가 사춘기 아이들의 변화를 받아들이지 못하면 어떻게 될까요? 아이는 그 과정에서 생기는 그 수많은 고민들을 어떻게 처리할까요? 고민이든 욕구든, 부모님이 안 보이는 곳에서 어떻게든 해결하려 하지 않겠어요? 그때부턴 집 밖으로 뱅뱅 도는거죠. 학교 수업 끝나면 집에 와야 할 아이가 괜히 운동장을 배회하거나 어른이 자리를 비운 친구 집 같은 곳을 찾아다녀요. 피시방이나 노래방을 전전하기도 하고요.

사춘기가 되면 당연히 이성에게 관심이 생길 수 있어요. 부모한테 와락 덤벼들어 반항하고 싶을 때도 있고, 밑도 끝도 없이 짜증이 날 때가 있는 것처럼요. 이런 사춘기의 변화에 부모가 이성적으로 대응하지 못하고 화들짝 놀라 아이를 감정적 혹은 강압적으로 다루면, 아이는 자기 내면의 다양한 감정을 세분화하지 못한 채 짓눌려 버려요. 내 안에 있는 감정의 정체를 모르기 때문에 왠지 불편해지고, 그 불편한 감정이 불안으로 바뀌지요.

불안은 정말 초조한 상황에서도 생기지만 뭔가가 괴롭고 싫고 화나고 불편해도 생기거든요. 아이는 불안하니까 무의식적으로 손톱을 물어뜯거나 수시로 짜증 또는 화를 내죠. 집중을 잘 못해서 산만해지기도 하고 멍 때리는 경우도 많고요.

사춘기 아이들은 안 그래도 호르몬 때문에 생긴 신체 연령과 정신 연령의 불균형, 가치관과 도덕관의 혼란 등으로 힘들어요. 그런데 부모가 이 변화를 받아주지 않으면 언제나 불안한 아이가 될 수 있어요. 무의식적으로 "너희들이 뭘 알아? 조그만 것들이."라는 말씀, 많이 하시죠? 그건 바로 아이가 자라고 있다는 사실을 인정하지 못하고 있기 때문에 나오는 말이에요. 아이와 가장 가까운 사람인 부모가 아이의 성장을 인정하지 않으면, 아이는 제대로 클 수가 없어요. 네가 뭘 아느냐는 식의 무시를 하고 보면 아이는 생물학적인 나이와 별개로 성장이 멈춰버려요. 제 나이에 해내야 하는 일들을 제대로 하지 못하는 거죠. 영원히 어린아이로 남는 거예요.

아이의 반응은
부모하기 나름이에요

인생에서 충동이 가장 심할 때가 두 번 있는데 언제인지 아세요? 바로 영유아기와 청소년기예요. 영유아기는 '쾌락의 원리'에 지배 받는 시기여서 하고 싶으면 해야 하고 갖고 싶으면 가져야 해요. 본능에 충실하고 충동적이기 때문에 싫으면 그냥 "꽥!" 소리를 질러버리죠. 이런 욕구와 충동은 아동기가 되면 잠시 낮아졌다가 사춘기가 되면 다시 심해져요. 그런데 이 시기에 생기는 욕구와 충동은 영유아기 때의 본능과는 좀 달라요. 오히려 아이가 인생을 독립적으로 살아가기 위한 연습의 일환이라고 보는 게 맞죠. 청소년기의 정상적이고 당연한 심리 발달 단계인 거예요. 옛것을 허물어 새것을 만들며 부모의 둥지를 떠날 준비를 하는 거죠. 그래서 공격성이 상당히 늘어나요. 충동적인 행동도 많이 하고요.

어린아이가 막무가내로 떼를 쓰거나 돌발 행동을 할 때는 안 되는 건 안 된다는 걸 확실히 알려 줘야 해요. 이때 중요한 건 단호하게 알려 주되 절대로 화를 내거나 때리지 말라는 거예요. 지금 내가 이렇게 하는 건 너를 교육하기 위한 거지 너랑 싸우려는 게 아니라는 걸 아이에게 보여 줘야 하거든요. 사춘기 아이를 다룰 때도 똑같아요. 아이가 받아들이든 받아들이지 않든 화내지 말고 단호하게, 하지만 폭력은 사용하지 말고 대응해야 해요.

사춘기 아이들은 의외로 가족에게 패륜적인 행동을 하는 경우가 많아요. 신문 기사에 나오는 것처럼 부모를 심하게 폭행한다거나 살해하는 것까지는 아니지만 말다툼 끝에 부모를 확 밀친다거나 대놓고 욕을 하는 것도 일종의 패륜적인 행동이니까요. 굉장히 상식적인 집안 환경에서 자랐고 예의 바르기 그지없는 아이가 엄마랑 싸우기만 하면 "야, 이X아, 니가 엄마면 다야?" "미친 X." 같은 말을 충동적으로 내뱉는 거예요. "에이, 씨X." 하고 욕하거나 물건을 던지기도 하고요. 이런 말이나 행동들은 사실 꽤 흔하게 일어나는 일이에요. 그런데 이때 부모가 어떻게 하느냐에 따라 그다음 아이의 행동이 결정돼요. 그 순간만 참으면 아이의 충동은 더 큰 패륜이나 공격적인 행동으로 이어지지 않고 사그라져요. 하지만 부모가 감정적으로 격한 반응을 보이면 아이는 두세 배 더 강한 반응을 보이게 되지요.

여기서 한 가지 오해해선 안 되는 게 있어요. 감정적으로 욱해서 아이의 반응에 거칠고 강압적인 대응을 하는 것 못지않게 부모가 너무 저자세를 취하는 것도 좋지 않다는 거예요. 유아기 아이에게 해선 안 되는 행동을 가르칠 때는 단호하게 "안 되는 거야."라고 말해야 하거든요. 그런데 어떤 엄마들은 아이가 자기를 막 때리는데도 아기 목소리로 존댓말을 하며 "하지 마세요." "엄마 화낼 거예요." 해요. 그러면 아이에게 통제권을 빼앗기는 거예요. 친절하게 말해 줬다고 좋아하는 게 아니라 아이는 엄마 말엔 아랑곳하지 않고 계속 엄마를 때리는 거죠. 사춘기 아이를 가르칠 때도 마찬가지예요.

아이가 강하게 나올 때 부모가 더 강하게 나가는 것도 금물이지만 그 앞에서 눈물을 흘리거나 약한 모습을 보여서도 안 돼요. 엄마를 때리려고 아이가 손을 올렸는데 "이제 눈에 뵈는 게 없구나. 너 죽고 나 죽자." 하거나, 겁을 먹고 "너 왜 그래? 엄만 너만 믿고 살았는데." 하면서 어쩔 줄 몰라 하는 것 모두 바람직하지 않다는 거예요. 아이가 받아들이지 않더라도 부모는 일단 단호해야 해요. "좋게 말하렴."이라고 했는데 아이가 "내가 지금 좋게 말하게 생겼어? 돈도 안 주면서 무슨 잔소리야."라고 한다면 겁먹거나 화내지 말고 "네가 욕을 한다고 내가 이제 와서 돈을 줄 것 같으니?" 하고 말해야 해요. 일단 그 문제는 거기서 끝을 내야 한다고요. 계속 대꾸했다가 전쟁이 될 것 같은 생각이 들면 "좀 진정하고 얘기하자." 하면서 한발 물러나 주는 게 좋아요.

우리나라 부모님들은 아이가 화를 내면 비슷한 감정으로 맞받아쳐요. 아이가 "아, 신경질 나." 하면 "네가 왜 신경질이 나? 네가 돈을 벌어왔어, 공부를 열심히 했어? 네가 왜 신경질이야?" 하는 식인 거죠. 그런데 이게 사실은 가장 큰 문제예요. 아이가 신경질을 내면 "그런 마음으로 무슨 얘기가 되겠니. 엄마는 너랑 꼭 얘기를 해야겠는데 지금은 아닌 것 같아. 조금 이따 하자. 일단 좀 진정하고 생각할 시간을 가져봐." 하면서 한걸음 물러나 주는 여유를 가져보세요.

옛말에 참을 인(忍) 자 셋이면 살인도 면한다고 했거든요. 아이가 흥분해 있을 때는 부모님이 먼저 참고 물러나세요. 무조건 져주라는 게 아니에요. 물러나서 아이가 그 상황을 편안하게 느끼게 해줘야 한다는 뜻이에요. 그래야 아이가 극단으로 치닫지 않고 자신의 상황을 정리해 볼 수 있어요. 아무리 화가 나도 폭발시키지 않고 자신의 문제를 스스로 해결할 수 있다는 소중한 경험을 하게 되는 거지요.

내 아이도 가해자가
될 수 있어요

　사춘기 아이들은 덩치가 아무리 크다 해도 아직은 어린아이예요. 집에 오면 혀 짧은 소리로 "엄마, 나 맛있는 거 해줘!" "우리 엄마 최고!" 하기도 하니까요. 그런 아이가 편의점 가서 물건 훔치고 친구 돈을 뺏을 거라고는 상상도 못하죠. 학교 폭력이 발생했다고 해도 내 아이는 피해자면 피해자지, 가해자일 리 없다고 믿는 경우가 많아요. 자식을 신뢰하고 긍정적으로 생각하는 건 참 좋은 일이지만 무조건 감싸는 것과 사안을 객관적으로 분명히 인식하는 건 다른 문제예요. 내 아이도 문제 행동을 할 수 있고 가해자가 될 수 있어요. 충동이 심하고 어디로 튈지 모르는 사춘기니까요. 중요한 건 그다음이죠. 아이가 계속 문제 행동을 반복할지 아니면 잠시 방황하다 곧 제 길을 되찾아 갈지는 그때 부모가 어떻게 행동하느냐에 따라 결정되는 거예요. 그 일을 계기로 아이가 뭔가를 배우느냐 배우지 못하느냐에 달려 있다는 거죠.

아이들은 알게 모르게 끊임없이 부모의 행동을 관찰해요. 층간 소음 문제가 발생했다고 해볼까요? 처음엔 소소한 생활 소음 정도였는데 아래층 사람이 올라와서 심하게 욕을 했어요. 그때 부모가 "불편하시게 해서 죄송해요. 일부러 그런 건 아니니까 조금만 이해해 주세요. 최대한 조심할게요."라고 말했어요. 그런데도 그 사람이 계속 욕을 해대요. 그래도 부모님은 이성적으로 "애들이 있으니까 조금만 진정해 주시겠어요?"라고 하죠. 그러면 아이는 싸우지 않고도 할 말을 다 할 수 있다는 걸 알게 돼요. 반대로 아래층에서 항의하러 왔는데 부모가 뻔뻔하게 모르쇠로 나간다면 아이들은 갈등이 생겼을 때 무책임하게 대응하는 법을 배우게 되겠죠. 자식은 부모의 행동을 답습하게 될 가능성이 높으니까요.

학교 폭력과 관련된 일이 생겼을 때 우리 아이는 그럴 애가 아니라고 하면서 어떻게든 피해자의 잘못을 들춰 아이의 잘못을

감추려 해선 안 돼요. 아이들 사이의 문제에서는 감정이 중요하거든요. 법으로 문제를 해결하는 것보다 감정을 먼저 푸는 게 중요해요. 내 아이가 따돌림을 주도해서 피해자 아이의 마음에 상처를 줬다면 납작 엎드려 진심으로 사과하세요. 그러면 생각보다 많은 부분이 해결돼요. 내 아이에게 아무리 악의가 없었다 해도 받아들이는 쪽에서 상처를 받았다면 정말 미안해해야 맞는 거예요. "장난이 지나쳤던 것 같은데 미안하다. 아줌마가 정말 따끔하게 가르치마. 우리 아이가 한 행동은 정말 잘못된 행동이야. 정말 미안해."라고 얘기해야 해요. 그 아이의 부모에게도 "아무리 장난이어도 그렇게 해선 안 되는 일이었는데, 죄송합니다."라고 진심 어린 사과를 전해야 하고요. 그래야 내 아이가 부모인 나를 보며 배우는 게 생겨요. 지금은 비록 가해자일지라도 나중에는 지금과는 다른 모습으로 자랄 수 있는 거죠.

물론 부모의 행동과는 상관 없이 가해자가 되는 아이들도 있어요. 그런 아이의 부모는 초등학교 때 주변 엄마들로부터 전화를 받게 되는 경우가 많아요. 소소한 항의가 계속된다면 언젠가 내 아이가 가해자가 될 조짐이라 생각하고 긴장할 필요가 있어요. 문제가 노골적으로 드러나기 전에 전문의를 찾는 게 더 지혜로운 일일 수도 있고요. 아이의 문제를 정확하게 진단받고 아이의 행동이 정말 문제인지 아닌지 확인 받는 게 좋다는 뜻이에요. 그게 내 아이를 보호하는 길이 될 수 있거든요.

아이가 산만하고 장난이 지나치다는 말을 주변에서 자주 들으면서도 내 아이는 그렇지 않다고 인정하지 않으려는 부모가 종종 있는데, 그런 태도는 아이에게 전혀 도움이 되지 않아요. 아이가 좀 더 크면 이제 주변 엄마들이 아니라 선생님으로부터 아이에 대한 이야기를 듣게 될 거예요. 아이가 수업 태도도 안 좋고, 교우 관계도 좋지 않은 것 같다는 이야기를 들으면 부모는 일단 아이를 눈여겨봐야 맞는 거예요. 그런데 "애들이 다 그렇지." "애들은 싸우면서 크는 거 아니야?"라고 대수롭지 않게 넘어가는 부모들이 의외로 많아요. 팔이 안으로 굽어도 심하게 굽은 거죠. 혹은 비겁한 거예요. 두려움일 수도 있고요. 아이의 문제 상황을 제대로 보고 싶지 않은 거죠. 하지만 그럴 때 부모는 문제를 제대로 직시하고 더 큰 문제 상황이 발생하기 전에 브레이크를 걸어줘야 해요. 사소한 일이라고 그냥 지나치다 보면 어느 순간 내 아이가 학교 폭력의 가해자가 되어 있을 수도 있어요. 그러니까 아이의 작은 행동에도 관심을 갖고 부모가 먼저 모범적인 모습을 보여 주세요.

개입과 간섭을 자제하세요.
때로는 그냥 지켜봐 주세요

얼마 전 상담실에 찾아온 초등학교 6학년 남자아이는 엄마와 사이가 무척 안 좋았어요. 아이의 부모는 경제적으로 여유도 있고 모두 점잖은 분들이었죠. 아이는 요새 아이답게 컴퓨터 게임을 굉장히 좋아했고 그 문제로 사사건건 엄마와 부딪치고 있었어요. 엄마는 아이에게 숙제는 다 하고 게임 하고 있는 거냐고 잔소리를 하고, 아이는 자기는 늘 숙제 다 하고 게임 하는 건데 게임만 하고 있으면 엄마가 항상 자기를 들들 볶아서 아주 미치겠다고 했죠. 제가 보기에 엄마가 좀 예민한 부분이 있긴 하더라고요. 그래서 아이에게 너희 엄마는 불안이 높은 사람이라 처음에는 좋게 설명하다가도 네가 말을 안 듣는다 싶으면 잔소리를 하는 거고, 그래도 불안 요소가 해결이 안 되면 화를 내는 거라고 여러 번 말해 줬지요. 그러니까 네가 숙제 같은 기본적인 것은 반드시 먼저 해야 엄마의 불안이 자극되지 않아 잔소리가 줄어들 거라는 설명도 함께요.

반면 엄마는 조금 있으면 과외 선생님이 오시는데 학교 숙제 다 했다면서 게임만 하고 있는 아이를 보면 속에서 열불이 난다고 했어요. 참다못해 "숙제는 제대로 한 거니?" 하고 말을 꺼내면 아이는 "내가 알아서 한다고요." 하고 짜증을 낸대요. 아이는 말만 그렇게 했지 사실 숙제를 안 한 적도 있었던 모양이더라고요. 그걸 알게 된 다음부터 엄마는 아이에게 잔소리를 안 할 수가 없었던 거죠. 이렇게 티격태격하다 과외 선생님이 오면 아이는 화가 나서 공부하기 싫다고 소리를 치고, 엄마는 그때를 놓칠세라 "거봐, 넌 항상 그런 식이야."라고 아이를 공격했어요. 아이는 "엄마가 건드려서 그런 거잖아!"라고 응수했고요. 싸움이 끝나지 않는 거예요.

저는 이 엄마에게 현재 아이와의 소통이 너무 부정적일 뿐 아니라 날을 세워 서로 찌르고 있는 상태라고 얘기해 줬어요. 그러니까 앞으로는 일단 한발 물러서서 아이를 지켜만 보라고 했지요. 지금 상태에서 아이에게 계속 개입하는 건 효과도 없을 뿐더러 근본적인 관계까지 악화시킨다고요. 그렇다고 아이에게 무관심하라는 말이 아니에요. 아이가 숙제를 마치고 게임을 하고 있는 건지, 매일매일 달력에 체크만 하면서 지켜보라는 거예요. 부모가 아이의 문제에 너무 빨리 개입하게 되면 그 상황에서 잘못이 생겨도 아이는 자기 책임이라고 생각하지 못하거든요. 아이 스스로 필요성을 느끼기 전에 엄마가 달달 볶아 억지로 하게 하면 그 상황 속에서 생기는 모든 문제의 책임이 자신에게 있다는 걸 인지하지 못하는 거예요. 다 부모 탓으로 돌리죠. 그 아이의 엄마는 제 말을 듣고는 "그냥 두면 안 하는데요?"라고 하시더라고요. 그래도 당분간은 그냥 내버려 두라고 했어요. 그러고 나서 며칠 뒤, 아이가 오더니 "요즘 엄마가 날 조금 이해하려고 노력하는 것 같아요."라고 하더군요. 그래서 아이에게 "너, 숙제는 꼭 해야 하는 거야."라고 다시 한 번 강조했죠.

사춘기는 성인으로서의 삶을 살아가기 위해 독립을 준비하는 시기예요. 그래서 아이들은 부모로부터 끊임없이 멀어지려고 하죠. 저는 사춘기 자녀를 둔 부모들에게 아이와 좀 거리를 두라고 권해요. 그건 무관심하라는 것도, 관계를 소원하게 하라는 것도 아니에요. 아이에게 개입하고 간섭하는 것을 자제하고 적당한 거리를 유지하라는 거죠. 아이의 행동이 부모 마음에 들지 않더라도 아주 위험한 길이 아니면 스스로 시행착오를 겪을 수 있도록 때로는 지켜봐 줘야 해요. 자기가 직접 겪어야만 배울 수 있는 인생의 가르침도 있으니까요. 지금 아이가 준비하고 있는 건 부모의 삶이 아니라 아이 본인의 삶이라는 사실을 잊어선 안 돼요.

담대한 어른 앞이라면
아이는 폭발하지 않아요

사춘기 아이들은 자신의 감정을 실제로 느끼는 것보다 더 과장되게 표현하곤 해요. 그런데 이렇게 자신을 강하게 드러내는 아이들의 내면 깊은 곳에는 무척이나 여리고 자기도 감당하지 못하는 괴로움이 숨어 있어요. 사람은 자신이 상대보다 약하다고 느끼면, 겁이 나서 상대를 물어뜯고 도망가는 습성이 있어요. 아이들도 마찬가지예요. 사춘기 아이들에게 물어뜯는다는 건 성질을 내고 난장을 치는 것이고, 도망간다는 건 도중에 때려치우는 거거든요. 아이들이 조금 공격적으로 대했다고 해서 어른들까지 똑같이 행동한다면 그건 아이 마음의 상처에 소금을 뿌리는 것과 다를 바가 없어요. 저는 아이가 다 때려치우고 싶다고 하면 "많이 힘들지? 그런데 원장님이 보기에 지금 넌 도망가고 싶은 거야."라고 말해 줘요. 불같이 화를 내면서 물건을 부수려고 하면 "그렇게 하면 상대가 겁먹을 것 같니? 아니, 넌 지금 네가 약하다고 고백하는 거야. 오히려 네가 겁이 나서 상대를 먼저 물어뜯으려는 거라고." 하고요. 거기에 "내면이 진짜 강한 사람은 자극에 그렇게 쉽게 휘둘리지 않아."라는 말도 덧붙이지요.

상담실을 찾아오는 아이들이 모두 선선히 부모를 따라오는 걸까요? 고등학생이나 대학생 중에는 제 발로 찾아와 허심탄회하게 자기 문제를 인정하고 해결책을 묻는 아이들이 많아요. 하지만 사춘기 아이라면 대부분 저를 찾아오게 된 것 자체를 불만스러워하죠. 자기는 문제가 없다고, 치료를 받아야 하는 사람은 엄마, 아빠라고 소리를 지르는 아이도 있어요. 이런 아이들은 대개 감정이 폭발하기 일보 직전 상태인 거예요. 그런 아이에게 "야, 왜 나한테 그래? 내가 화나게 했냐?" 해버리면 아이는 화를 내며 뛰쳐나가 버리겠죠.

이럴 때는 원하지 않는데 억지로 끌려온 아이의 마음을 먼저 알아주고 인정해 주는 게 좋아요. 저는 그런 아이에게 이렇게 말해요. "넌 오기 싫었는데 엄마 때문에 끌려왔구나?" "절대 안 오겠다 했는데, 아이 씨." "그래, 오기 싫을 수도 있지. 그래도 어차피 만나게 됐잖아. 나랑 만난 게 너한테 그렇게 손해는 아닐 거야. 네가 여기 계속 오게 될지 오늘이 마지막이 될지는 모르겠지만 일단은 얘기를 좀 해보자. 누가 아니? 너의 힘든 마음이 나한테 전달이 될지." 그럼 아이가 좀 누그러져요. "내가 상담비를 받으니까 널 그냥 돌려보낼 수는 없거든. 네가 나한테 뭐라도 좀 얘기를 해야 내가 덜 미안하지." 이렇게 장난처럼 얘기하면 아이가 씩 웃어요. "오늘은 네가 왜 여기 오기 싫었는지만 얘기해 보자. 앞으로 안 올 수 있는 방법을 내가 알고 있을지도 모르잖니." 그러면 아이들은 조금씩 이야기를 꺼내기 시작하죠.

진료실에 들어와서도 삐딱하게 앉아 있는 아이 모습을 보면 옆에서 부모님들이 "야, 야, 똑바로 앉아, 똑바로!"라고 잔소리를 하세요. 그럴 때 저는 "그냥 두세요. 억지로 그럴 필요는 없어. 그냥 편하게 앉아도 괜찮아. 이런 걸로 네 진심이 전달되지 않는 건 아니니까." 이렇게 말하면 도리어 아이들은 똑바로 앉는 경우가 많아요.

아이의 사소한 행동은 그냥 눈감아 주세요. 사춘기의 반항은 문제적 행동이 아니라 정상적인 발달 단계일 뿐이니 약간의 반항기는 장난치듯 받아주면 되는 거예요. 주변에 담대한 어른이 한 명이라도 있으면 반항적인 사춘기 아이들도 건강하게 자랄 수 있어요. 그런 어른은 아이의 말과 행동을 적절히 누그러뜨려 주기 때문이죠. 아무리 어른보다 덩치가 더 크고 불량하고 거친 말을 한다 해도 사춘기 아이는 아이일 뿐이에요. 무섭게 화를 내고 힘으로 밀어붙이려 해도 아직은 미숙한 어린아이들인 거죠. 사춘기 아이들은 잡아 눌러서 통제해야 할 대상이 아니라 잘 자랄 수 있도록 보호해 줘야 할 어린아이들이란 사실을 항상 기억해야 해요.

어릴 때는 재잘재잘 말만 잘하더니
어느 순간 입을 꾹 닫아버리고
방문을 걸어 잠근 채 내버려 두라고만 하는데···

아이는 지금 외로운 거예요

사춘기,
친근한 상호작용이 절실할 때

사춘기 아이들은 자신이 중요하게 생각하는 관계 속에서 친근한 상호작용을 경험할 수 있어야 외로움을 느끼지 않아요. 아주 친한 친구 몇 명, 또는 가깝게 느끼는 선생님 한 분만 계셔도 학교생활이 즐거울 수 있지요. 부모님과의 관계가 원만해도 외로움이 덜하고요. 사실 외로움은 친밀감 형성에 실패해서 생기는 것이라 볼 수 있거든요. 그런데 요즘 아이들은 집에서나 학교에서나 친근한 상호작용을 경험할 기회가 별로 없어요. 학교에서는 친구가 많은 것 같아도 진짜 '내 짝'은 없다는 생각에 쓸쓸해지고, 집에 가면 더 외로워져서 오히려 밖으로 도는 경우가 많죠. 그런데 이 시기에 주변 사람들과 상호작용을 하지 못하면 타인에 대한 이해와 배려, 공감 능력이 떨어지게 돼요. 이건 성인기 사회성 발달에까지 영향을 미치게 되고요.

"집에 오면 아무 생각 없이 웃고 싶은데 그럴 수가 없어요."라고 얘기하는 여자아이가 있었어요. 여자아이들은 대개 엄마와 드라마를 보며 수다를 떠는 와중에 친근감을 느끼는 경우가 많거든요. 그런데 이 아이의 엄마는 책을 많이 읽어야 한다며 TV를 없애고 거실을 도서관으로 만들어놓았던 거예요. 아이는 집에 들어설 때마다 공부에 대한 압박감을 느끼고 가족이 다 모여 있어도 혼자 동떨어져 있는 것 같다고 했어요. 엄마는 무슨 말만 꺼내면 쓸데없는 소리 말고 공부나 하라며 잔소리하고, 아빠는 워낙 말수가 없어서 별로 친하지가 않고요. 자기 집은 너무 무미건조해서 가족끼리 장난치며 깔깔대는 집이 그렇게 부러울 수가 없대요. 그래서 제가 부모님이 너를 힘들게 하느냐고 물었더니 꼭 그런 건 아니라고 대답하더라고요. 무남독녀 외동딸이라 끔찍이 잘해 준대요. 그런데도 집에 들어가기가 싫다는 거예요. 그래서 왜 그러느냐고 물으니 "집에 있으면 너무 외로워요. 그래서 진짜 집에 들어가기 싫어요." 하는 거예요. 이런 아이들은 그래서 항상 친구들을 만나러 다녀요. 그런데 또 막상 얘기를 들어보면 친구들과도 그렇게 특별한 사이는 아닌 것 같더라고요. 아마 이 아이는 그 친구들이랑 있을 때도 외로울 거예요. 이 시기 아이들은 곧 죽어도 친구들이랑 있을 때는 외롭지 않다고 믿는 경향이 있거든요. 그리고 집에 들어오면 끊임없이 문자메시지를 하며 외로움을 달래거나 다른 친구들의 SNS를 뒤지고 다니며 남의 일상을 수집해요. 그러면서 혼자가 아니라고 느끼는 거죠. 하지만 사람은 그럴수록 점점 더 외로워져요. 외로움을 해소하는 최고의 명약은 사람을 직접 만나는 것뿐이니까요.

사춘기 아이들은 동성이든 이성이든, 또래 친구든 어른이든 마음이 딱 맞는 사람이 있다는 게 중요해요. 그게 충족되지 않으면 아무리 주변에 친구가 많은 아이라도 외롭다는 말을 입에 달고 살죠. 내 마음을 알아주는 사람이 이 세상에 단 한 명도 없다고 느끼거든요.

하지만 부모님과의 관계만 좋으면 크게 문제 될 게 없어요. 그리고 아이가 부모를 마음이 딱 맞는 친구처럼 여기게 하는 건 그리 어려운 일이 아니에요. 아이가 "엄마, 있잖아." 하면서 말을 걸었을 때 아이의 이야기에 관심을 보여 주고, 이야기를 다 듣고 나서는 "어머, 정말? 저번에 말했던 그 애 말이야?" 하면서 약간 과장되게 맞장구를 쳐주며 공감해 주세요. 이 정도만 해도

아이는 부모에게 우리가 생각하는 것 이상으로 친밀감을 느낀
답니다.

인생의 고독한 행로에
막 진입한 아이들

그렇다면 친밀한 상호작용이 많은 아이는 전혀 외롭지 않을까요? 결론부터 말하자면 그건 아니에요. '덜' 외로울 뿐이죠. 인생은 누구에게나 고독한 행로라지만, 사춘기 아이들은 이 시기에 특히 더 외로움을 잘 타요. 스스로 해야 하는 일의 양도 많아지고, 당연하게 여겼던 부모님의 도움과 지지도 눈에 띄게 줄어들거든요. 여기저기서 "너 스스로 해야지." 하는 압박이 들어오죠. 사실 스스로 해야 하는 일 자체가 늘어난 것도 부담이긴 하지만, 자신을 대하는 주변 사람들의 태도가 달라졌다는 생각에 고독감을 느끼는 부분도 커요. 그래서 교우 관계도 원만하고 부모와도 사이가 좋은 아이, 아무 고민이 없을 것 같아 보이는 아이도 외로움을 느낀다는 말을 많이 하는 거예요.

저는 의과대학 졸업고사를 치르면서 목 놓아 운 적이 많아요. 공부 양이 너무 많다고 통곡을 했죠. 그러다가 문득 '아이고, 누가 의사 되라고 등 떠밀었나. 내가 좋아서 와놓고 이제 와서 누굴 원망해.' 하는 생각이 들었어요. 어른들이 이렇게 자신이 처한 상황을 스스로 정리하고 수습할 수 있는 건 지금 내 앞에 놓인 일들이 자기가 선택한 결과라는 걸 알기 때문이에요. 게다가 성인이 되면 다양한 기능들이 발달하게 돼요. 감정 조절 능력, 문제 해결 능력 같은 것들 말이죠. 하지만 청소년 시기는 혼자 책임을 져야 하는 고독한 과정은 많은 반면 그것을 극복할 수 있는 능력과 훈련은 불충분한 상태예요. 그래서 더 힘들고 외로운 거죠.

자기 인생에 대한 책임감을 배우는 그 고독한 과정을 버텨 내지 못하는 아이들도 있어요. 그래서 겉돌죠. 자기 인생을 나 몰라라 해버리고 방치하게 되는 거예요. 그런데 자기가 해야 할 일을 안 하고 그렇게 친구들이랑 밖으로 나도는 아이들은 정말 외롭지 않을까요? 아니요. 외롭지 않은 척할 뿐, 그 아이들 역시 외로워요. 어쩌면 자기 인생을 내버려 두었기 때문에 더 외로울 수도 있죠. 누구나 걸어가는 과정, 그 길에서 벗어나 있어서 더 외로울 수 있다는 거예요. 도깨비처럼 화장하고 친구들이랑 아침까지 놀러 다니는 아이가 교복 입고 등교하는 아이를 봤을 때 느끼는 감정은 바로 외로움이거든요.

독서실에서 하루 종일 공부 열심히 하고 집에 돌아간 아이도 마찬가지예요. 집에서 부모님이 "너 왜 이렇게 게으름을 피우니? 과외라도 하나 더 해야지 안 되겠다." 하면 내가 힘든 걸 부모님이 하나도 이해하지 못하는 것 같아 외로워져요. 반대로 실컷 놀고 집에 늦게 갔는데 부모님이 아무 말도 안 해요. "밥은 먹었니?" 하고 말아요. 그럼 아이는 어떻게 생각하는 줄 아세요? 부모님이 간섭하지 않아 다행이라고 안심하는 게 아니라 관심받지 못한다는 생각에 외로워해요. '부모님이 나를 포기했구나.'라고 생각하는 거죠. 참 어려워요, 그렇죠?

외로움을 피해 보려고
아무 집단에나 들어가기도 해요

굉장히 충격적이었던 한 중학생의 자살 사건이 있었어요. 그 아이는 서너 명으로 이루어진 무리에 끼어 있었어요. 그 무리의 아이들은 학대에 가까울 정도로 아이를 심하게 괴롭혔어요. 그런데도 아이는 부모님이 집에 안 계실 때면 그 아이들을 집으로 데리고 가 놀았지요. 대체 왜 그랬을까요? 자기를 그렇게 괴롭히는 애들인데, 미워하는 게 당연하지 않나요? 선생님이나 부모님께 얘기해서 그 아이들에게 벌을 줬어야 하지 않을까요?

하지만 이 아이는 그 친구들 사이에 끼지 못하게 되는 걸 가장 비극으로 받아들였던 거예요. 아무리 자기를 괴롭히는 아이들일지라도 그 집단에 소속되어 있다는 안도감이 더 중요했던 거죠. 어른들이 보기엔 정말 말도 안 되는 것 같지만 이 시기 아이들은 그걸 '의리'라고 포장하기도 해요. 그리고 그 안에서 무슨 일이 벌어지든 일단 발만 담그고 있으면 괜찮은 척, 안 외로운 척하죠.

집단 압력이라는 것도 있어요. 혼자서는 도저히 못할 거친 행동도 집단으로 다 같이 하게 되면 동질감 때문에 죄책감이 희석되는 거예요. 거짓말을 밥 먹듯이 하고 친구들 물건을 훔치는 것도 대수롭지 않게 여기는 아이가 있었어요. 하는 짓이 아주 얄밉고 못됐죠. 모두들 그 아이를 혼내주고 싶어 하지만 그런 행동은 사실 혼자서는 하기 쉽지 않아요. 그러다 한 아이가 괴롭히기 시작하면 갑자기 응집력이 생겨나면서 순식간에 많은 아이들이 그 아이를 왕따시키고 못살게 굴죠. 그때 적극적으로 행동에 참여하는 아이도 있고, 모르는 척 방관하는 아이도 있는데, 두 경우 모두 "쟤는 나쁜 아이니까."라고 자신의 행동을 합리화해요. 나만 그런 게 아니라는 생각에 죄의식도 희석되고요. 저는 이런 아이들에게 "너희는 강한 게 아니야. 오히려 너무너무 약한 거지."라고 말해요. 청소년기 아이들은 자신의 위약함과 약한 모습을 포장하기 위해 집단을 만들고 그 집단 속에 숨어 들어가는 경우가 많거든요.

초등학교 고학년 이상이 되면 아이들은 마음이 맞는 친구들끼리 활발하게 집단을 형성해 끼리끼리 뭉쳐 다녀요. 새 학년이 시작된 지 며칠 안 돼 한 반에 주류와 비주류가 형성되죠. 열 명이 넘는 큰 집단도 있고, 두세 명으로 구성된 작은 무리도 있어요.

사춘기 아이들이 자꾸 집단을 만들고 그 안에 끼려고 하는 건 외로움을 피하고 싶어서예요. 집단에 소속되어 있지 않으면 외로워하고, 외로움이 깊어지면 관계 자체를 회피하거나 잘못된 관계를 만들기도 하지요. 남의 물건을 훔쳐 오라는 명령같이 집단에서 요구하는 행동이 윤리적으로 문제가 있다는 걸 알면서도 그 행동으로 인한 죄의식보다 집단에서 밀려나게 될 것에 대한 두려움이 더 크기 때문에 하는 경우가 있는 거예요. 혼자 있으면 더 외로우니까요.

게다가 또래 관계를 통해 자기 이미지를 재정립하는 사춘기에는 주위 어른들의 격려나 칭찬보다 친구 사이에서 인정 받는 걸 더 중요하게 생각해요. 거기서 자존감을 얻거든요. 또래들과의 관계 속에서 소속감을 느끼고 역할 수행을 하면서 자기 존재를 찾아가는 거죠. 그래서 또래 문화에 끼지 못하면 자신을 부정적으로 평가하게 되고 자존감이 낮아져서 우울해해요.

진솔한 자신의 모습과
만나게 해주세요

유난히 낯가림이 심한 아이가 있었어요. 친구들을 사귀고 싶은 마음은 많은데 처음 친구들에게 다가갈 때 굉장히 쭈뼛거리고 어색해해요. 그래서 생각만큼 친구들을 잘 사귀지 못했죠. 초등학교 때 이런 일을 반복적으로 겪고 난 아이는 중학교에 입학하고 나서는 좀 더 적극적으로 친구를 사귀어야겠다고 마음먹었어요. 그래서 학기 초반에 자기가 아닌 모습으로 살았어요. 빨리 친구를 사귀는 아이들처럼 적극적이고 활달해 보이려고 애를 쓴 거예요. 원래 그런 사람인 척 가면을 쓰고요. 그런데 그러면 아이는 누구도 어쩌지 못할 외로움을 느껴요. 자신을 꾸며서 내보이는 데는 한계가 있기 때문에 어느 순간부터는 친구들 사이에서 문제가 생기기도 하죠.

사람은 자신을 다른 모습으로 포장할 때 외로워져요. 누구나 '타인이 생각하는 나'와 '본래의 나' 사이에는 차이가 있게 마련이지만 그 차이가 크면 클수록, 나를 남들이 생각하는 나에 맞춰 가려고 하면 할수록 외로움은 더 커지거든요. 이럴 땐 본인이 나 자신을 있는 그대로 인정하고, 타인에게도 그것을 솔직하게 보여 주면 돼요.

친구들 사이에서 리더 노릇을 하는 아이가 있었어요. 친구들은 모두 그 아이와 친하게 지내려 애를 써요. 그런데 그런 아이가 집에만 오면 부모님에게 "너는 공부만 잘하면 뭐하냐? 방을 이렇게 돼지우리로 만들어놓고 다니는데. 네 친구들도 너 이러고 사는 거 아니?"라는 소리를 들어요. 그럼 아이는 어떨까요? 엄청난 괴리감을 느끼겠죠. '도대체 나는 뭐지? 나는 어떤 인간인 거야?' 하는 생각이 들면서 외로워질 거예요. 부모는 "집에서는 이따위로 하면서 밖에 나가 전교 회장 하면 뭐하니? 집에서나 잘해. 먼저 인간이 되어야지." 하고 말해 놓고는 '집에서도 잘해야 해.'라고 얘기했다고 착각해요. 하지만 이런 말에는 '모욕'이 담겨 있어요. 사실 어떻게 사람이 하나의 모습으로 사나요?

누구에게나 다양한 모습이 있는 거고, 그게 누군가에게는 마음에 들고 누군가에게는 마음에 들지 않을 뿐인 거잖아요? 그런데 이렇게 아이의 일면을 두고 모욕감을 주면 아이는 자신의 진솔하고 다양한 모습을 통합하기 어려워져요. 감정이 먼저 상해 버려서 자기 모습을 편안하게 마주하지 못하는 거예요. 결국 최악의 경우 자기 자신을 부정하게 되는 지경에 이르기도 하고요. 그럼 아이는 집에서나 밖에서나 외로운 아이가 될 수밖에 없어요. 실제 내 모습을 보이면 비난받을까 봐 남들이 원하는 모습으로 살게 되고, 진짜 내 모습을 잃어가게 되니까요. 공부도 잘하고 리더십이 있어서 아이들 사이에서 인기 많은 아이, 그렇지만 정리 정돈하는 건 잘 못하는 조금은 산만한 아이에게 부모는 이렇게 이야기해 주는 게 좋아요. "우리 아들, 정리하는 건 좀 약하네. 잘하는 게 더 많으니까 큰 문제는 아니지만, 그래도 정리 정돈이 너무 안 되는 것 같아. 고칠 수 있는 건 좀 고쳐볼까?" 정도로 말이죠.

있는 그대로의 자기 모습과 만날 수 있게 도와주는 일은 의외로 어렵지 않아요. 아이의 자연스러운 본성 자체를 인정해 주기만 하면 되거든요. 부모는 아이의 단점이나 미숙한 면을 가장 많이 보는 사람이지요. 하지만 그런 거 다 눈감아 주는 거예요. 비난하지 말고 편안하게 받아들여 주는 거죠. 아이가 부담 없이 스스로를 있는 그대로의 모습으로 받아들이기 위해서는 무엇보다 타인 앞에서 솔직한 표현을 할 수 있어야 해요. 부모가 "친구들은 네가 이렇게 돼지우리 속에 사는 거 모르지?" 하고 비꼬듯 말하면 대부분 아이들은 "그만 좀 하세요. 짜증 나 죽겠네!" 하며 화를 버럭 낼 거예요. 이때 아이가 "그렇게 말씀하시면 제가 되게 자존심이 상해요. 저도 고칠 건 고치겠지만 그런 식으로는 말씀하지 말아주세요. 좋게 말씀해 주실 수도 있잖아요." 하고 말할 수 있게 부모가 도와줘야 한다는 거예요.

여섯 살짜리 여자아이가 상담을 하러 온 적이 있어요. 저랑 그림을 그리고 놀다가 갑자기 "근데 원장님은 왜 그렇게 뚱뚱해요?" 하고 묻는 거예요. 제가 "네 눈에도 내가 뚱뚱해 보이니?" 했더니 자신 있게 그렇다고 하더라고요. "나는 운동을 안 해서 뚱뚱해. 네 눈에도 그렇게 보이는구나. 조금 뚱뚱해, 많이 뚱뚱해?" 했더니 아이가 해맑게 웃으며 "많이요." 하더라고요. 그래서 저는 "아, 그래? 이제는 정말 운동을 좀 해야겠네."라고 대답해 줬어요. 보통 아이들이 이렇게 말하면 부모는 버릇없다며 아이들을 야단치게 마련이죠. 모든 행동을 마음대로 해도 된다는 건 아니지만, 이 아이처럼 아이가 자신의 자연스러운 마음을 표현할 때 그 욕구를 인정해 주고 조건 없이 받아주는 과정도 필요해요. 그게 솔직한 표현을 연습하는 과정이거든요. 아이의 진솔한 표현을 비난하지 마세요.

저는 아이들에게 이런 이야기를 해주곤 해요. "어떤 상황에서도 너라는 사람의 본질은 변함이 없어. 누가 너에게 나쁜 말을 했다고 해서 네가 형편없는 사람이 되는 것도 아니고, 칭찬을 들었다고 해서 네가 갑자기 대단한 사람이 되는 것도 아니지. 너는 그냥 너인 거야. 그 자체로 존귀하고 소중해. 누가 너를 인정하든 비난하든 그게 너의 본질 자체를 훼손하거나 변질시킬 수는 없다는 걸 늘 기억하렴." 이런 말은 아이의 자존감을 채워줘요. 성적 때문에 자신을 별 볼일 없는 사람이라고 생각하는 아이에게 "성적을 그따위로 받아오면서 인기 많아 뭐하니?"라고 하는 게 아니라 "성적 좀 떨어졌다고 해서 너라는 사람의 본질이 바뀌는 건 아니야. 기죽을 필요 없어."라고 말해 주는 거죠. 부모가 신뢰를 보이면 아이는 다시 열심히 해봐야겠다는 마음을 먹게 되거든요. 친구가 못생겼다고 놀려서 풀이 죽어 있는 아이에게는 뭐라고 해주는 게 좋을까요? "그건 걔 생각이지. 그 아이 생각이 언제나 옳은 건 아니잖아. 엄마가 보기에 넌 충분히 예뻐. 걔 말 때문에 네가 외모를 바꿀 필요는 없는 거야. 네가

보기에 넌 어때? 괜찮지? 그럼 괜찮은 거야. 자신감을 가져."라
고 해주세요.

어떤 상황에서도 나를 있는 그대로 바라보고 믿어주는 사람이
있다는 확신, 이걸 바탕으로 아이들은 한 단계 더 커 나가는 거
예요.

아이가 속마음을 털어놓을 수 있게 해주세요

아이가 사춘기인 시기에 너무 양순하고 순종적이기만 하다면 그건 절대 반가워할 일이 아니에요. 건강한 아이라면 반항도 하고 반론을 펼치는 게 당연하거든요. 물론 지나치게 자기주장만 하고 공격적인 행동을 하는 것도 문제지만 아닌 것을 아니라고 말하지 못하는 것 역시 큰 문제예요. 적어도 가까운 가족에게만 이라도 속마음을 솔직하게 털어놓고 때로는 남의 흉도 편하게 볼 수 있어야 하는 거죠. 아이에게 너무 도덕적이고 모범적인 모습만 강요하면 아이는 그렇지 않은 자신의 모습을 솔직하게 드러내거나 얘기할 수 없게 돼요. 진솔한 자기 모습과는 점점 멀어지는 거죠.

사춘기는 부모로부터 독립해서 창조적이고 자주적인 삶을 일궈 나가기 위한 과도기라고 할 수 있어요. 그런 만큼 이 시기의 아이가 지나치게 순종적이라는 것은 갖춰야 할 힘을 제대로 못 갖추고 있다는 의미도 돼요. 싫은 것은 싫다고 제대로 표현하고, 잔소리하는 부모와 한판 붙어보기도 해야 하는 거예요. 그걸 못하는 아이라면 부모인 내가 지나치게 강압적인 건 아닌가, 아이가 반항도 못할 만큼 내가 두려운 존재는 아닌가 한번쯤 고민해 봐야 해요. 부모 앞에서 아이가 찍소리도 못한다면 이건 부모가 사춘기 아이의 자연스러운 발달 과정을 방해하고 있는 거예요.

학교 선생님에 대해서 "너희 선생님 좋아?" 하고 물었을 때 "별로."라고 대답할 수도 있어야 해요. 그래야 "왜 별로야?" 하고 물을 수 있고 아이의 생각을 들을 수 있으니까요. 그런데 어떤 부모들은 아이의 부정적인 표현을 불편해해요. 그래서 "그렇게 선생님을 싫어하면 못써." 해버리죠. 아이가 "네, 선생님 좋아요."라고 엄마가 원하는 대답을 했을 때만 "그래, 선생님이랑 잘 지내는 건 참 좋은 거야." 하고 칭찬을 하고요. 본인은 아이를 칭찬으로 잘 키우고 있다고 생각하지만, 알고 보면 그것만큼 무서운 착각이 없어요. 엄마의 칭찬이 때로는 아이의 성장을 방해하기도 하는 거죠.

"우리 아들은 친구들이랑 어쩜 그렇게 잘 지내니? 선생님 말씀도 잘 듣고 정말 최고야."라고 버릇처럼 이야기하면 아이는 친구들이나 선생님과 갈등이 생길까 봐 두려워하게 돼요. 저는 부모님들에게 '착하다, 예쁘다'는 말을 남발하지 말라고 해요. 칭찬을 해주려면 구체적인 이유를 들어 명확하게 해줘야지 '착한 아이, 예쁜 아이'로 뭉뚱그려 버리면 아이는 자신이 가지고 있는 부정적인 감정을 부모에게 차마 털어놓지 못하게 되거든요. 일종의 착한 아이 콤플렉스 같은 게 생기는 거죠. 행여나 부모님의 기대를 저버릴까 봐, 부모님이 실망할까 봐 걱정이 되어 계속 착한 아이인 척, 예쁜 아이인 척 살려고 애쓰게 되고요. 아이를 칭찬할 때 '모범생'이라고 표현해 버리면 아이는 학교에 대해 불만이 생기거나 반기를 들고 싶어질 때도 솔직하게 말하지 못해요. 선생님에게 부당한 일을 당해도 반론을 제기하지 못하죠. 친구와 좋지 않은 일이 생겨도 말을 안 하고요. '모범생'이어야 하니까요. 아이를 자꾸 부모가 바라는 좋은 쪽으로, 착하고 얌전하고 말 잘 듣는 모습으로 끌고 가려 해선 안 돼요. 그건 정말 잘못된 욕심이에요.

아이가 너무 의젓하기를 바라는 것도 생각해 봐야 할 문제예요. 사춘기 아이가 부모에게 혀 짧은 소리로 아기처럼 이야기하면 대부분 혼내시죠? 동생이 있으면 더하고요. 오빠답게, 언니답게, 형답게, 누나답게 의젓하게 굴라고 하죠. 그런데 사실 이건 지극히 자연스럽고 정상적인 '퇴행 행동'이에요. 건강한 퇴행 행동을 가장 많이 하는 게 바로 부부 사이죠. 사이가 좋은 부부들은 서로 "우리 여보, 왔쪄?" 하고 혀 짧은 소리를 내잖아요? 아이처럼 대화를 주고받으면서 긴장이 완화되고 스트레스가 풀리는 거죠. 누워 있는 것도 정상적인 퇴행 행동 중 하나예요. 누우면 몸과 마음이 편안해지고 휴식 상태가 되거든요.

다 큰 것처럼 보이는 청소년기 아이들도 이런 퇴행 행동을 보일 때가 있어요. 그러니 가끔 앵앵거리는 소리로 애교를 부릴 때는 부모가 장단을 맞춰 받아주는 게 좋아요. 그래야 아이도 잠깐 퇴행했다가 다시 기운을 차리고 본래 자리로 돌아오거든요. 징그럽다고 타박하고, 한심하다고 혼쭐을 내면 아이는 집에서조차 휴식을 취하지 못해요. 밖에서 다 큰 아이로 지내는 것에 지쳐 있는데 부모 앞에서조차 더 이상 아이가 아니라는 현실을 자각하게 되면 집에서도 긴장하게 되는 거죠. 그럼 너무 안쓰럽잖아요?

제발 간섭하지 말라는
아이들의 진짜 속마음

　많은 아이들이 자기 엄마는 보통 엄마들이랑 좀 다른 것 같다고 해요. 보통 엄마가 뭐냐고 물으면 헌신적으로 자식 뒷바라지를 해주는 엄마를 말한대요. 덩치는 웬만한 어른보다 더 크면서 여전히 엄마 새가 아기 새 돌보듯 먹이도 물어다주고 포근하게 품어주길 바라는 거죠. 엄마의 잔소리는 듣기 싫어하면서도 자기가 아프면 엄마가 밤새 지키고 앉아 간호도 해주고, 나를 위해 맛있는 것도 많이 만들어줬으면 좋겠다고 기대하는 거예요. 아빠에게도 마찬가지예요. 밖에 나가서 돈을 잘 벌어오는 게 아빠의 역할이라고 생각하면서도 집에서 자기와 보내는 시간이 많았으면 좋겠다고 해요. 집에 오면 얘기도 좀 하고, 등 두드려

주며 칭찬도 좀 해주고 그랬으면 좋겠대요. 잘 보면 아이들이 말하는 평범한 부모는 '보통' 부모가 아니라 '이상적인' 부모인 거죠. 아이가 조금 더 크면 부모상이 또 바뀌어요. 고민이 있거나 마음이 혼란스러울 때, 문제가 생겼을 때 현명하게 자신을 이끌어주는 부모가 '보통' 부모라고 생각하죠.

한 아이가 상담실에 찾아와 한숨을 푹 쉬며 말했어요. "원장님, 우리 엄마는 갈등을 없애는 게 아니라 더 키우는 사람 같아요. 그래서 엄마한테 얘기를 하면 더 미쳐버릴 것 같아요." 이야기인즉슨, 자기가 어떤 친구에게 고민을 털어놓았는데 그 아이가 다른 친구에게 말해 버리는 바람에 너무 화가 나고 괴롭다고 엄마한테 얘기를 했대요. 그런데 엄마가 "뭐 그런 쓸데없는 걸 가지고 고민하고 그래, 고등학생이나 돼서."라고 핀잔을 주더라는 거예요. 엄마에게 그런 얘기를 듣고 나면 말한 걸 후회하게 되고 마음의 문이 저절로 닫힌대요. 더 외로워지고요. 자기 마음을 위로해 줄 수 있는 성숙한 말과 행동을 기대했는데 부모가 상황과 전혀 맞지 않는 생뚱맞은 말을 하거나 자신의 마음 상태를 대수롭지 않게 무시해 버리면 아이는 괴로울 수밖에 없죠.

아이에게 집은 바로 부모예요. 집이 편안하지 않다는 말은 부모가 편안하지 않다는 말이고, 집이 싫다는 말은 부모가 싫다는 말과 똑같아요. 모든 아이들에게는 의존 욕구가 있어요. 그건 비단 유아기 아이들에게만 해당되는 게 아니에요. 초등학생은 초등학생대로, 중학생은 중학생대로, 고등학생은 고등학생대로 각자 나름의 의존 욕구가 있지요. 부모가 헌신적으로 자신을 키워주고 돌봐주길 바라는 것도, 의논 상대가 되어주고 자신의 문제를 해결해 주길 바라는 것도 모두 의존 욕구의 다른 모습인 거예요. 어릴 때는 부모에게 충분히 의지하고 보호받고 사랑받을 수 있어야 해요. 이게 안 채워지면 아주 심각한 문제가 될 수 있어요. 의존 욕구가 충족되지 못하면 이 시기에 채우지 못한 것을 평생에 걸쳐, 부모가 아닌 다른 사람으로부터 채우려 들기 때문이죠.

아이에게 의지가 되어주세요. 내가 되고 싶은 부모의 모습이 아니라 아이가 원하는 부모의 모습이 되어주세요. 아이들은 편안하게 쉴 수 있는 쉼터 같은 부모의 모습을 기대해요. 그러고 보면 '보통' 부모가 된다는 것도 참 쉽지 않은 일이에요, 그렇죠?

공부는 잘하고 싶다면서
하루 종일 게임만 하고
만사 다 귀찮다고 널브러져 있다가도
피시방은 부지런히 가는···
이건 대체 뭐지?

아이는 모든 게 귀찮기만 해요

왜 요즘 아이들은
모든 걸 귀찮아할까요?

　귀찮아하는 건 하기 싫어하는 것과는 좀 달라요. "난 이거 하기 싫어."라고 말하는 것 자체도 사실은 에너지가 필요한 일이거든요. 그런데 귀찮다는 것은 그런 에너지조차 아예 없다는 뜻이에요.

　귀차니즘에 대해서 이야기를 하려면 먼저 '주의력'에 관한 이야기를 하지 않을 수가 없어요. 주의력은 동기 혹은 의지를 바탕으로 몸속의 에너지를 집중해서 어떤 일을 처음부터 끝까지 밀고 나가는 능력이에요. 주의력은 흔히 말하는 지능지수(IQ)와는 좀 달라요. 상호 연관 관계에 있긴 하지만 지능지수가 높다고 해서 반드시 주의력이 좋은 건 아니거든요. 주의력은 뇌의 앞부분, 즉 전두엽이 담당해요. 인간은 다른 동물들에 비해 전두엽이 잘 발달되어 있기 때문에 상대적으로 주의력이 좋죠. 그런데 귀차니즘은 바로 이 주의력이 떨어지는 사람들의 대표적인 증상이에요.

귀차니즘은 우울증과도 달라요. 우울증이 있는 아이는 정말 모든 걸 다 하기 싫어하는 반면 귀차니즘이 있는 아이는 만사가 귀찮고, 의욕이 없어 보이다가도 좋아하는 것에 대해서만큼은 눈을 반짝이거든요. 자기가 흥미를 느끼는 일에는 "와, 재밌겠다!" 하면서 적극적인 행동에 대한 동기 부여가 되는 반면, 그게 아닌 경우에는 하고자 하는 의욕도, 해야 한다는 의무감도 없어요. 방에 널브러져 있는 아이에게 "방이 이게 뭐야? 좀 치워." 하면 "조금만 있다가요." 하면서 계속 미뤄요. 하지만 피시방 가자는 친구의 전화에는 부리나케 반응하지요. 방 청소를 해야 할 이유를 모르는 거예요. 어차피 또 금방 지저분해질 텐데 뭘, 하면서요. 흥미가 없으니 동기 부여가 되지 않는 거죠.

귀차니즘을 가진 사람들의 머릿속에는 '나는 그런 문제들에 개입할 생각도, 에너지도 없다.'는 사고방식이 자리 잡고 있어요. 그러다 보니 자기가 관심 없는 여타 사회 현상들에 대해 점점 무관심해지기 쉬워요. 이건 타인을 대할 때도 마찬가지예요.

모르는 할머니가 길거리에 쓰러져 계시면 얼른 가서 일으켜 드리는 게 보통 사람의 상식적인 행동이잖아요? 그런데 귀차니즘이 심한 아이들은 '에잇, 귀찮아. 모르는 사람인데 뭐. 괜히 도와줬다가 더 귀찮은 일이 생길지도 몰라.' 하고 생각해 버리는 거예요. 그래서 결국 그냥 모르는 척 지나쳐 가지요.

그렇다면 아이들은 대체 왜 이렇게 귀찮아할까요? 왜 이렇게 주의력이 떨어지는 걸까요? 여러 가지 이유가 있겠지만 그중 첫 번째는 어렵고 복잡한 과제들이 점점 낮은 연령대로 내려오고 있기 때문이에요. 예전에는 고등학생이 배우던 내용을 지금은 중학생이 배우고, 중학생이 배우던 내용을 초등학생이 배우고 있거든요. 연령에 따른 뇌 발달 수준은 예나 지금이나 크게 달라진 게 없는데, 예전에는 발달 단계에 맞춰 설정되어 있던 많은 과제들이 지금은 너무 앞당겨 주어지는 거죠.

두 번째 이유는 아이들이 해야 할 일이 너무 많다는 데서 찾아볼 수 있어요. 예전에는 공부만 잘하면 성적을 잘 받을 수 있었어요. 그런데 지금은 어때요? 외국어도 해야 하고, 동아리 활동도 해야 하고, 각종 경시대회는 물론 봉사 활동도 해야 해요. 할 일이 너무 많다 보니 아이들의 몸과 마음이 과부하에 걸려 아예 모든 걸 포기해 버리고 싶어지는 귀차니즘에 빠지는 거죠.

세 번째 이유는 요즘 아이들이 예전에 비해 몸을 너무 안 움직인다는 데 있어요. 요새는 부모님들이 아이들을 차로 데려다주고 데려오는 경우가 많잖아요. 그러다 보니 운동은커녕 10분 이상 걸을 일도 없어요. 움직이지 않고 하루 종일 책상에만 앉아 있으면 뇌가 잘 활성화되지 않아요. 뇌가 깨어나질 않으니 정신적 에너지를 투입하는 것도 힘들어지고요.

귀차니즘이 심하면 내적 동기가 생기지 않아요. 내적 동기란 '하기는 싫지만 해야 하는 일이니까 기왕 하는 거 열심히 하자.' 혹은 '지금은 좀 힘들어도 이걸 계속 하다 보면 나중엔 내가 하고 싶은 걸 할 수 있겠지.'와 같은 생각을 말해요. 스스로 당근과 채찍을 줘가며 무언가를 해내는, 아주 적극적인 마음이죠. 내적 동기가 강한 아이는 당장 눈앞에 보상이 주어지지 않아도 할 일을 해요. 반면 귀차니즘에 빠진 아이들은 자기에게 심각한 문제가 되지 않을 것 같은 일들은 일단 다 미루고 보죠. 안 하면 곧바로 벌을 받거나 심각한 문제 상황이 발생할 일 혹은 달콤한 보상이 주어지는 일만 하고요. 터지기 직전의 폭탄들만 근근이 제거하며 살아가는 거예요. 이 아이들은 미래를 멀리 내다본다거나 새로운 것을 실험해 보는, 생산적이고 미래 지향적인 생각을 하지 못해요. 지금 꼭 해야 할 일조차 미루고 미루다 마지막

순간까지 버티니까요. 그러다 보면 결국 해야 할 일이 두세 배
가 되어 있고, 그럼 더 하기 싫어지고 귀차니즘은 더 심해지
고…… 악순환에 빠지는 거예요.

게임, 정말 이러지도 저러지도 못할 골칫덩이

만사 다 귀찮고 하기 싫다던 아이도 게임을 할 때만큼은 눈이 반짝거리는 경우, 많지요? 이런 아이를 보고 있으면 부모는 속이 터지죠. 한심하기도 하고요. 대부분의 부모는 자식이 컴퓨터 게임 하는 걸 못마땅해해요. 게임에 관대한 부모가 없는 반면 게임을 싫어하는 아이도 별로 없어요. 좀 심하게 말하면 정말 미친 듯이 게임에만 파고드는 아이들도 많죠. 부모가 아무리 싫어해도 그 욕구를 주체하지 못하는 거예요.

일 년 만에 상담실을 찾아온 아이가 있었어요. "오랜만에 왔네. 그동안 어떻게 지냈니?" 했더니 "저 게임 1000시간 했어요."

하면서 말을 꺼내더라고요. 일 년에 1000시간이면 하루에 두세 시간씩 매일 했다는 얘기예요. 공부는 안 했느냐고 묻자 "고1때 는 상위 1퍼센트 안에 들었었는데, 고2 돼서 7퍼센트로 떨어졌 어요. 대신 게임은 전국 랭킹 5000등 안에 들었죠."라고 대답하 더군요. 게임 하는 사람들 사이에서는 꽤 잘하는 편인가 봐요. 그런데 전 좀 의아했어요. 작년까지만 해도 열심히 공부하던 아 이가 갑자기 게임에 빠졌으니까요. 이유를 물었더니 아무리 공 부를 해도 성적이 안 올라서 확 때려치웠다는 거예요. "그럼 공 부를 후회 없을 정도로 열심히는 해본 거야?" 했더니 "아니요. 1퍼센트 안에는 들어야 부모님이 원하는 대학교에 갈 수 있는 데, 7퍼센트면 어차피 그 학교 가긴 틀렸거든요."라고 말하더군 요. 아이가 공부를 때려치우려던 진짜 이유는 따로 있었던 거예 요. 부모님 기대를 충족시키지 못할 바에는 아예 포기하는 게 낫 다고 생각한 거죠. 저는 아이에게 이렇게 말해 줬어요.

"나한텐 1000미터 스피드스케이팅을 하는데 100미터 대에서 기록이 안 좋다고 도중에 그만둬 버렸다는 거랑 똑같은 얘기로 들리는데? 네 말대로라면 100미터 지날 때 평소 실력이 안 나오 면 전부 다 그만두어야 맞는 건데……. 남은 900미터에서 진짜 실력이 나오는 경우도 있지 않을까?" 아이는 제 말에 눈이 휘둥 그레졌어요. 저는 아이에게 공부를 때려치우고 싶은 이유를 다시 물었죠. 그랬더니 자기가 세웠던 목표만큼 성적이 안 나와서 힘들었다는 속마음을 털어놓더라고요. 그래서 제가 "너는 네가 세운 목표치인 100이 아니면 98이든, 85든 70이든 0과 똑같다고 생각하는구나. 성적이 좀 떨어졌다고 공부를 아예 때려치우려는 거였어?" 했더니 아이는 자신 없는 듯 고개를 끄덕였어요. "결국 잘하고 싶은 마음이 너무 컸던 거네."라고 했더니 "뭐, 그렇다고 볼 수 있죠." 하며 자기도 몰랐던 진짜 속마음을 알아준 것에 대해 속시원해하는 눈치였어요. 그리고 덧붙이는 말이, 엄마하고는 이런 대화가 안 된다고 하더라고요. 엄마는 이런 얘기를 해도 "말도 안 되는 소리 하고 있네. 잘하고 싶다는 애가 하루 종일 게임이나 하고 있어?" 한다는 거죠. 차라리 그럴 바엔 엄마가 아무 말도 안 하고 무관심했으면 좋겠대요.

자기도 잘하고 싶은 마음이 있는데 성적은 안 나오니 얼마나 속상했겠어요. 그런데 아이 엄마는 위로하기는커녕 타박만 하니 아이가 억울한 마음에 엄마 말을 안 듣고 게임만 했던 거죠. 그래서 제가 "엄마한테 위로를 못 받으면 넌 누구랑 얘기하니?" 했더니 그럴 사람이 아무도 없다고 하더라고요. "얘기할 사람이 없으니까 자꾸 게임기 앞에 앉아 있게 되는 거야. 너는 그 불편한 마음을 피하고 있는 거지. 게임 속으로 도망치면 그 안에 있는 동안은 아무 생각도 안 해도 되니까. 근데 게임을 끝내고 고개를 들어봐. 넌 달라진 게 하나도 없을 거야. 무의미한 시간만 훌쩍 지나 있을 뿐이고. 다시 잘 생각해 봐. 네 마음이 진짜 원하는 게 뭔지." 그랬더니 "아직도 제가 한참 어리네요." 하더라고요.

아이들이 보통 게임에 빠지는 이유는, 공부는 뜻대로 안 되지만 게임은 조금만 연습하면 금세 레벨이 올라가기 때문이에요. 연습하는 것 자체도 재미있고, 시간을 투자해서 내가 과연 어디까지 갈 수 있을지 스스로를 시험해 보고 싶은 마음도 있고요. 내내 공부를 잘 하다가 갑자기 게임에 빠져든 아이들은 공부에 대한 패배감이나 좌절감을 게임으로 보상받기도 해요. 또 주의력이 떨어지는 아이들, 귀차니즘이 심한 아이들일수록 자극이 강한 게임에 빠져들기도 하죠. 게임에 빠져들수록 반복되는 일상이나 인내심을 요구하는 공부에는 점점 더 흥미를 잃게 되고요. 또 외로움이나 무력감 때문에 게임을 하기도 해요. 게임이라도 마주하고 있지 않으면 괴로워서 견디질 못하는 거예요. 게임은 일단 재밌으니까 하는 동안만큼은 아무 생각 안 해도 되거든요. 끝나고 나면 허탈해질지언정 그 순간은 괴롭고 외로운 현실을 외면할 수 있는 거죠.

보통 게임 하는 아이를 혼낼 때 부모들은 "공부는 다 했어? 숙제는 다 하고 노는 거야? 게임 할 시간과 정성으로 공부를 하면 전교 1등도 하겠다." 이런 식으로 비아냥대기 쉬워요. 하지만 늘 이렇게 공부와 게임을 동일 선상에 놓고 이야기를 하면 아이는 해야 될 공부만 다 하면 남은 시간에는 내내 게임만 해도 되는 거라고 생각할 수 있어요.

사실 게임을 하지 말라고 하는 이유가 반드시 공부를 해야 하기 때문만은 아니거든요. 정말 걱정되는 건 바로 '중독'이죠. 어른들이 명절에 재미 삼아 고스톱을 치는 것처럼 게임도 적당한 선에서 즐길 수 있다면 문제 될 게 없어요. 시험 끝나고 하루 이틀 정도는 신 나게 게임 할 수 있게 해주세요. 그게 오히려 더 좋아요. 아이에게도 숨 쉴 구멍이 필요하니까요. 하지만 해야 할 일을 스스로 챙기지 못할 정도로 매일 게임만 하고 있다면, 그걸 제지하는 그 누구의 말도 통하지 않는다면, 그건 진지하게 생각해 봐야 할 문제예요. 일단 한번 게임에 중독이 되고 나면 뇌 구조가 마약 중독자나 도박 중독자와 똑같아지거든요. 가끔 게임을 못하게 했다고 부모를 죽였다거나, 게임에 미쳐서 자식을 굶겨 죽인 아주 극단적인 사례들이 뉴스에 나오기도 하잖아요? 어떻게 저럴 수가 있을까 싶지만 그건 마약 중독자가 자기 모든 것 다 버려가며 마약을 구하고, 약에 취해 아이를 돌보지 못하는 것과 다를 바가 없어요. 마약이나 게임이나 일단 중독이 되고 나면 뇌가 반응하는 메커니즘이 똑같아지기 때문이죠. 아이에게 이 점을 상기시켜 줄 필요가 있어요.

　어떤 부모들은 아이들이 컴퓨터 앞에만 앉아 있으면 게임 중독이 아닌데도 중독에 빠졌다고 지레 겁을 먹기도 해요. 반면 아이들은 거의 게임 중독에 가까운 상태인데도 '다른 애들도 이 정도는 하는데, 뭘.' 하면서 대수롭지 않게 생각해 버리죠. 어른들이 자신의 음주 습관에 대해 허용적인 것처럼 아이들은 본인의 게임 습관에 허용적이기 쉽거든요.

　"요새 술(게임) 안 마시고(안 하고) 어떻게 사회생활을 해(친구들이랑 어울려)? 다른 사람들은(아이들은) 일주일 내내 마시지만(하지만) 난 그 정도는 아니잖아?" 항변하는 모양새가 꽤나 닮아 있지요? 중독에 대한 태도도 비슷해요. 주위에선 모두 알코올중독 수준이라고 걱정하는데 본인만 아니라고 해요. 술은 처음 배울 때 잘 배워야 한다는 말이 있는 것처럼 게임도 마찬가지예요. 처음 시작할 때 조절의 중요성을 잘 가르쳐야 해요. 그래야 통제의 어려움을 겪지 않아요.

아이는 생물학적으로 부모를 닮을 수밖에 없어요. 부모 중 조절 능력이 좀 떨어지는 사람이 있다면 아이도 게임에 쉽게 중독될 가능성이 있다는 거예요. 그것이 음식이든, 술이든, 쇼핑이든, 드라마든, 부모가 어느 정도 중독기가 있다면 아이가 어릴 때부터 신경을 써주는 편이 좋아요. 그 문제에 대해 아이와 진지하게 이야기를 나눠볼 필요도 있고요. 아이 스스로 자신이 중독자가 될 가능성이 있다는 사실을 받아들여야 그 문제에 잘 대처할 수 있거든요.

이건 아이를 의심의 눈초리로 지켜보라는 뜻이 아니에요. 이성적인 눈으로 냉정하고 정확하게 보고, 만에 하나의 가능성에도 대비해야 한다는 얘기죠. 그래야 아이를 제때 도와줄 수 있어요. 일단 한번 중독이 되어버리면 그 어떤 행동도 제어하기가 쉽지 않거든요.

보통 아이들은 초등학교 3~4학년 때부터 게임을 하기 시작해요. 게임 중독을 막으려면 한 살이라도 어릴 때 규칙을 명확히 정해 주는 게 좋아요. 무조건 하지 말라고 야단만 칠 게 아니라 아이 스스로 조금씩 줄여 갈 수 있게 도와주는 게 좋죠. 사실 외부의 통제로는 게임 습관을 바꾸기가 힘들거든요. 아이에게 하루에 게임 하는 시간을 체크하게 한 뒤, 지나치다고 생각되면 한

달을 기준으로 삼십 분씩 줄여 보게 하세요. 이때 엄마는 옆에서 조용히 같이 체크해 주며 지켜보는 정도로만 개입하는 편이 좋아요.

도대체 왜 그토록 스마트폰에 집착하는 걸까요?

　요즘 아이들은 스마트폰 없이는 친구도 못 사귀는 것처럼 얘기하죠? 스마트폰이 없으면 친구들로부터 소외되어 외롭다는 논리인데, 사실 아이들이 스마트폰에서 주고받는 내용을 자세히 들여다보면 정말 빈약하기 짝이 없고, 그 안에서 이루어지는 관계들 또한 대단히 피상적인 경우가 많아요. 아이들에게 중요한 건 내용이 아니라 친구들과 함께 스마트폰을 하고 있다는 행위 자체이기 때문이죠. '까똑!' 소리가 들리든 진동이 울리든 스마트폰을 통해 자기를 찾는 사람이 있다는 걸 감각적으로 직접 느끼는 게 중요한 거예요. 메시지를 보냈는데 친구가 바로 답을 하지 않으면 친구가 날 아끼지 않는다고 생각하죠. 어른들이 보면 말도 안 되는 오해인 것 같지만 사춘기 시기 아이들은 보이지 않는 감정적인 상호작용이나 관계의 가치를 잘 몰라요. 그래서 끊임없이 문자 메시지를 주고받고 통화를 자주 하는 사이여야 친하다고 생각하는 거죠. 그걸 소홀히 하거나 그런 친구들 무리에 끼지 못하면 마치 외톨이가 되어버릴 것처럼 위기의식까지 느끼고요. 이런 아이들에게 "스마트폰 좀 그만 들여다보고 공부 좀 해라. 뭐 그렇게 하루 종일 스마트폰만 붙잡고 있어?"라고 아무리 말해 봤자 소용없어요. 사춘기 때는 자신이 어딘가에 속해 있다는 소속감을 아주 중요하게 여기거든요. 집단의 일원이 되어 그 사람들과 공감대를 형성하고 계속 소통하고 있어야 불안하거나 외롭다고 느끼지 않아요. 그렇게 자신의 존재감을 확인하는 거죠.

사춘기 아이들에게 스마트폰은 일종의 애착 대상물과도 같아요. 만사 귀찮다고 방에 널브러져 있을 때조차 손에서 놓지 않는 것이 바로 스마트폰이니까요. 어린아이가 어딜 가나 곰 인형을 가지고 다니는 것처럼 스마트폰을 손에 쥐고 있지 않으면 몹시 불안한 거죠. 꼬마들이 장난감 가게 앞을 지나다가 마음에 드는 장난감을 발견했을 때, 부모가 그걸 사줘야 자기를 사랑하는 거라고 생각하는 것처럼 사춘기 아이들도 자신이 원하는 최신 스마트폰을 사줘야 부모가 자기를 존중하는 거라고 생각해요.

그럼 아이에게 스마트폰을 사줘야 하는 걸까요, 사주지 말아야 하는 걸까요? 현실적인 대답을 해드릴게요. 스마트폰을 사주되 그전에 아이로부터 스마트폰 사용에 대해 스스로 조절하겠다는 약속을 받으세요. 하루 중 언제 얼마나 할 것인지 스스로 지킬 수 있는 규칙을 정하게 하는 거죠. 여기서 부모가 할 일은 처음 얼마 동안 아이가 스마트폰 사용을 스스로 절제할 수 있을 때까지 지켜보며 도움을 주는 거예요.

엄마가 스마트폰을 안 사주는 게 불만이라는 중학교 1학년 남자아이가 찾아왔어요. 저는 "엄마가 스마트폰을 안 사주는 이유를 설명해 주셨니?" 하고 물었어요. "좀 해주시긴 했지만……." "충분히 이해가 됐어?" "뭐, 어느 정도는……." 하면서 흐지부지하더라고요. 그래서 제가 옆에 있던 엄마에게 "어머니, 아이에게 다시 설명해 주세요." 했어요. "지난번에 사줬는데 네가 깨먹었잖아. 그게 벌써 두 번째야." 엄마가 이렇게 얘기하길래 이번에는 엄마에게 물었어요. "어머니, 그게 가장 중요한 이유예요? 핵심을 이야기해 주세요." 했더니 엄마가 그제야 속마음을 이야기하시더라고요. "너, 스마트폰으로 만날 게임만 하잖아.

지금도 엄마 스마트폰 몰래 갖다 쓰는 거 모를 줄 알았지?" "안 그럴 거란 말이야!" 엄마의 말에 아이가 소리를 질렀어요. 그래서 제가 아이에게 엄마 말을 정리해 줬죠. "엄마가 너한테 스마트폰을 안 사주시는 이유는 네가 절제를 못해서인 것 같네. 무조건 안 된다고 하시는 게 아니라 네가 너무 스마트폰만 하고 다른 걸 소홀히 하니까 걱정이 되셔서 그러는 거지." 그런데 아이는 "제가 알아서 잘 조절할 거라니까요!" 라면서 발끈하더라고요. "그래? 그럼 보여 줘. 그게 확인이 돼야 엄마도 너를 믿고 스마트폰을 사줄 수 있지 않겠니? 스스로 절제할 수 있느냐 아니냐는 굉장히 중요한 문제거든. 솔직히 말하면 나는 사람들이 스마트폰 많이 할수록 좋아. 그것 때문에 생기는 문제들이 하도 많아서 내가 밥 굶을 일이 없거든." 제 말에 조금 진정이 된 듯 아이가 이유를 물었어요. "스마트폰을 하는 거랑 원장님이 밥을 안 굶는 거랑 무슨 상관인데요?" "주변을 한번 둘러봐. 너뿐만 아니라 어른들도 죄다 스마트폰만 들여다보고 있잖니? 죄다 병이 든 거지. 스마트폰 중독. 이런 사람들이 많을수록 병원이 잘 돼서 나는 좋아." 이렇게 농담처럼 아이에게 절제 없는 스마트폰 사용의 심각성에 대해 이야기해 줬어요. 스마트폰은 어른들도 한번 익숙해지면 손에서 놓기 어렵고, 그만큼 스마트폰을 절제해서 쓰겠다는 것은 어른들도 지키기 힘든 약속이라고요. 그리고 부모님은 네가 걱정이 돼서 스마트폰을 안 사주는 것이지 단순히 사주기 싫고, 네 말을 들어주기 싫어서 억지를 부리는 게 아니라는 점도 분명히 알려 줬죠. 그런 다음 "부모님이 스마트폰 사준 다음에 하루 종일 네가 게임을 하든 뭘 하든 아무 상관도 안 했으면 좋겠니?" 하고 아이한테 물었더니 그건 아니라고 대답하더라고요. 그럼 어떻게 해야 엄마에게 믿음을 줄 수 있을 것 같으냐고 되물었지요. 아이는 아까보다 화가 누그러진 목소리로 스스로 절제하겠다고 다시 한 번 약속했어요. 그래서 저는 이번에 약속을 하고 나면 꼭 지켜야 한다는 것, 엄마가 그걸 믿을 수 있게 해줘야 스마트폰을 사줄 수 있다는 것을 강조해서 말했어요.

아이와의 대화가 이 정도로 진행되었다면, 부모는 앞으로 이렇게 하면 돼요. 처음에는 엄마의 스마트폰을 아이에게 일주일 정도 빌려주세요. 그러고 나서 스마트폰 사용 시간대를 함께 정하고 하루에 삼십 분 내지 한 시간 정도씩만 하기로 약속하는 거예요. 만약 아이가 한 번이라도 이 약속을 지키지 않으면 다음 날 바로 회수하기로 하고요. 그리고 어느 정도 이런 습관이 자리 잡혔다 싶으면 그때 진짜 아이의 스마트폰을 사주세요. 이런 식으로 처음부터 절제하는 걸 가르치고 연습시켜야 해요. 어떤 부모님은 한 번 잘못 하면 '한 달간 사용 금지'라는 가혹한 벌을 내리시기도 하던데, 이렇게 금지 기간이 너무 길어지면 아이들은 몰래 숨어서 하게 되어 있어요. 반항심만 더 심해지고 오히려 효과는 떨어지는 거죠. 벌을 주는 기간은 하루 정도로 짧아야 '오늘은 내가 약속을 못 지켰네. 에이, 할 수 없다. 내일은 못 하는 거지 뭐.' 하면서 순순히 따르는 거예요. 스마트폰이든 게임이든 아이 스스로 규칙을 정해 조절하는 연습을 시키세요. 그러다 보면 아이와 이 문제로 충돌할 일이 조금씩 줄어들 거예요.

아이에게 동기를 부여하기 위해서는 진술한 소통부터

　내 아이는 삶의 목표가 분명해서 자기 할 일은 알아서 챙기는 사람이었으면 하시죠? 하지만 아이는 부모의 속을 도통 알아주지 않아요. 무조건 투덜대며 하라는 것만 간신히 해놓고 나면 할 일 다 했다고 오뉴월 엿가락마냥 늘어져 있기 일쑤고요. 그럼 부모님은 아이가 이 모습 그대로 어른이 된다면 '백수'가 되어버릴 것 같은 불안감에 휩싸이죠. 물론 아이의 이런 모습은 일시적인 것일 수도 있어요. 우리도 모든 것이 다 혼란스럽고 허무하게 느껴져서 하루 종일 TV만 보고 앉아 있거나 오락실을 배회하며 하릴없이 시간을 보냈던 어린 시절이 있었으니까요. 그런데 오히려 그런 경험이 있기 때문에 더 걱정이 되는 것도 사실이죠. 그 순간의 소중함과 중요함을 모르는 게 안타깝고, '지금 조금만 정신 차리고 이 시간을 알차게 보내면 10년 후가 많이 달라질 텐데…….' 하는 생각에 자꾸 아이를 채근하게 되는 거예요. 하지만 부모가 달라지라고 아무리 잔소리를 해대도 아이에게 없던 의욕이 갑자기 생기진 않아요.

그렇다면 아이들은 왜 부모의 말을 다 잔소리라 생각하고 듣기 싫어하는 걸까요? 우선 아이들은 부모님의 조언을 잘난 척 정도로 받아들여요. 집요하게 반복되는 데다 레퍼토리도 늘 똑같죠. 그 뒤에 무슨 말이 나올지 알기 때문에 귀담아듣지 않는 거예요. 하지만 부모는 아이의 반응이 시큰둥하면 화가 나요. 자신은 모든 경험과 삶의 지혜를 담아 중요한 얘기를 하고 있다고 생각하는데 아이는 귓등으로도 안 듣고 있는 것 같다는 생각이 들면 잔소리의 강도가 점점 세질 수밖에 없어요. 가장 부정적이고 비극적인 사례를 들며 아이에게 협박 아닌 협박을 하기도 하고요. 그러니까 아이는 더 듣기가 싫어지는 거예요.

이런 아이들은 그럼 대체 어떻게 해야 할까요? 그저 이 시기가 빨리 지나가기를 손꼽아 기다리는 수밖에 없는 걸까요? 가장 좋은 방법은 아이가 심리적, 정신적으로 여유가 있을 때 진실한

소통을 시도해 보는 거예요.

예를 들어, 아이를 자신의 모교에 데리고 가서 "여기가 아빠가 나온 학교야. 이곳에서 열심히 공부를 했기 때문에 돈을 벌어서 우리 가족을 먹여 살릴 수도 있고 너를 가르칠 수도 있는 거지. 그런데 봐봐. 캠퍼스가 무지 작지? 아빠는 기왕이면 네가 캠퍼스 넓은 번듯한 대학에 가서 공부하면 좋겠어. 솔직히 아빠는 후회할 때가 꽤 많거든. 너만 할 때 좀 더 열심히 공부했더라면 조금이라도 더 좋은 대학에 갈 수 있었을 텐데 하고 말이야." 그런 다음 아빠가 가고 싶었던 학교에도 함께 가보는 거예요. 캠퍼스뿐 아니라 학교 도서관도 보여 주며 "학창 시절에 조금만 덜 놀고 열심히 했으면 아빠도 여기에서 공부할 수 있었겠지?" 하며 가슴 깊은 곳에 있는 후회와 아쉬움을 아이와 나누는 것도 좋아요. 그럼 아이가 아빠의 잔소리에 담긴 마음속 후회와 아쉬움, 내 아이는 그렇게 되지 않았으면 하는 바람을 읽어내고 이해하는 데 많은 도움이 돼요.

아빠의 일터를 보여 주는 것도 좋은 방법이에요. "여기가 아빠 자리야. 이 자리보다 저 자리가 훨씬 넓고 좋아 보이지? 아빠가 너만 할 때 공부를 좀 더 열심히 했으면 더 빨리 저 자리에 앉을 수도 있었을 거야. 회사는 개인이 가진 능력에 따라 자리를 정해 주거든. 아빠도 그 능력을 쌓기 위해 지금 최선을 다하고 있지만, 이미 그 능력을 갖추고 회사에 들어오는 사람도 있어. 그런 사람들은 저 자리에 더 빨리 앉겠지. 아빠도 가끔 후회할 때가 있어. 나도 그 능력을 좀 더 갖추고 들어올걸 하고 말이야. 살다 보면 인생을 바꿀 기회가 몇 번 찾아오거든? 그리고 너에겐 어쩌면 지금이 그 기회인지도 몰라."

이처럼 쉴 새 없는 잔소리나 충격 요법보다는 마음 깊은 곳의 이야기를 들려주며 아이가 직접 보고 느낄 수 있게 해주는 게 더 효과적인 경우가 많아요.

귀차니즘에 빠진 아이에게
부모가 해야 할 일?

　귀차니즘이 있는 아이들은 자기가 흥미를 느끼고 재미있어 하는 일이 아니면 그 어떤 에너지도 쓰고 싶어 하지 않는다고 말씀드렸죠? "요즘 독도 문제에 대해 어떻게 생각하니?" 하면 "몰라요. 그걸 왜 생각해야 하는데요?" 하고, "너희 반에 왕따 당하는 애가 있다던데 알고 있니?" 하고 물으면 "아, 전 걔랑 안 친해서 잘 몰라요." 해요. 그냥 생각하고 싶지가 않은 거예요.

　친구 일은 물론이고 심지어 부모가 어느 회사에서 무슨 일을 하시는지 모르는 아이도 있어요. "아빠는 어떤 일 하시니?" 하면 "회사 다니실걸요." 하고 건성으로 대답하죠. 그러면 저는

"너희 아빠가 다니는 회사도 모르는 건 좀 심각한데. 너 숨 쉬는 건 안 귀찮니?" 하면서 살짝 꼬집어주기도 해요. 자기한테 도움 될 일이 아니니까 굳이 알 필요가 없다고 생각하는 거거든요. 하지만 이런 아이들에게는 주변에 왜 관심을 가져야 하는지 한 번씩 설명해 줄 필요가 있어요. 예를 들어 "독도 문제는 아무리 네가 독도에 가본 적이 없다 해도 국민 전체가 대단히 민감하고 중요하게 생각하는 문제니까 한 번쯤은 일부러라도 관심을 좀 가지고 생각해 보는 게 좋아." 하는 식인 거죠.

사람은 나이가 들수록 사회적 의무와 책임이 늘어나게 마련이에요. 그것들을 무사히 해내려면 본인 스스로 해야겠다는 마음가짐이 필요하고, 그 마음가짐을 위해서는 동기 부여가 필요하죠. 그런데 귀차니즘 아이들에게는 이 중요한 동기 부여가 잘 안 돼요. 자기가 대체 왜 그 일을 해야 하는지 모르는 거예요.

아무것도 하기 싫어하는 아이에게 부모님들은 보통 '게으르다'라는 꼬리표를 붙이게 되죠. 그리고 끊임없이 "너는 대체 왜 이 모양이니?" "그러다 어떻게 먹고살래?" "이래서 나중에 네 식구들 건사는 하면서 살 수 있겠니?" 하고 희망에 가득 차 있어야 할 아이의 미래까지 들먹이며 비난 세례를 퍼부어요. 부모님이 이렇게 비관적인 말과 비난 섞인 비판만 하는 경우 귀차니즘 아이들은 가뜩이나 없던 동기나 열정이 아예 사라져버려요. 이런 아이들은 잔소리를 들으면 부모가 원하는 행동을 오히려 더 안 하려 들거든요. 잔소리가 귀차니즘의 악순환을 더 자극하는 거죠. 그래서 아이들의 귀차니즘을 줄이려면 부모가 먼저 잔소리를 줄여야 해요. 대신 아이가 스스로 행동할 수 있도록 동기를 부여해 주세요. 아이에게 그 일을 왜 해야 하는지 논리적으로 설명해 주는 거죠.

방 좀 치우라고 아무리 얘기해도 아이가 계속 미루고만 있다면 "네가 불편하지 않다고 해서 치우지 않아도 되는 건 아니야. 네 논리대로라면 우리 집에 청소를 해야 하는 사람은 아무도 없어. 집은 가족이 다 같이 사는 공간이잖아. 그러니까 우리 모두 함께 청소를 해야지. 얼른 일어나서 같이 치우자." 하고 기본적인 의무와 책임을 가르쳐주세요. 왜 해야 하는지 이유를 알면 그때는 직접 행동으로 옮기게 되거든요. 숙제나 공부를 해야 하는 이유, 운동을 해야 하는 이유, 가족이 함께 식사를 해야 하는 이유, 모르는 사람이 곤경에 처했을 때 도와줘야 하는 이유 등 아이가 해야 할 필요성을 느끼지 못하는 일에 대해서도 이런 식으로 가르쳐주세요. "그걸 대체 왜 해야 하는데요?" 하고 반항조로 물어온다 해도 윽박지르지 말고 차분하고 이성적으로 이유를 알려 주면 돼요.

귀차니즘이 있는 아이들은 한번 쉬고 나면 다음 행동을 하는 게 무척 어려워요. 그래서 이런 아이들은 차라리 중간에 쉬는 시간을 주지 말고 스케줄을 쭉 이어 붙여 주는 게 나아요. 학교가 끝나고 나면 학원, 독서실 등 그날 해야 할 일을 다 마친 다음 집에 오게 하세요. 그리고 집에 오면 정말 푹 쉴 수 있게 해주세요. 이런 아이에게는 늘어질 만큼 늘어지는 게 가장 효과적인 스트레스 해소법이기도 하거든요. 여기서 주의해야 할 것은 아이의 귀차니즘을 없앤다고 아이의 스케줄을 무리하게 꾸리면 안 된다는 점이에요.

사실 하루 종일 힘들게 일하고 들어왔는데 또 뭔가를 해야 한다고 생각하면 어른인 우리들도 귀찮고 짜증날 때가 많잖아요. 아이도 지금 자기 능력을 넘어서 지나치게 많은 일을 해야 하는 상황이라면 귀차니즘이 더 심해질 수 있어요. 해야 할 일이 너무 많으니까 집에 오면 그냥 아무 생각 없이 누워서 스마트폰이나 게임만 하고 싶어지는 거죠. 아이의 이런 귀차니즘을 줄이기 위해서는 먼저 아이가 해야 할 일이 너무 많지 않은지부터 체크해 보세요. 그리고 불필요한 선행 학습 대신 부모와 함께 몸을 움직이는 시간을 마련하세요. 휴일에는 집 밖으로 나가 등산도 하고, 볼링이나 탁구, 수영 같은 운동을 함께하는 거예요. 시장이나 마트에 가서 함께 장을 보는 것도 좋아요.

집에 같이 있을 때도 아이가 몸을 움직일 수 있는 기회를 만들어주세요. 귀차니즘이 심해서 방바닥에 늘어져 있는 아이에게는 "자, 지금 일어난다! 하나, 둘, 셋, 벌떡!" 혹은 "빨리 와서 이것 좀 도와줘. 급해, 급해." 하는 거예요.

그런 다음 자기가 좋아하는 일을 하고 나서 기분이 좋을 때처럼 아이의 귀차니즘이 가장 덜할 때, 아이가 가장 의욕에 차 있을 때 넌지시 이야기를 꺼내보세요. 요새 왜 그렇게 의욕이 없는지, 왜 그렇게 만사 귀찮아하는지요. 아이도 본인 상태에 대해 수긍을 하고 이야기를 좀 하면 "그럴 때는 도움을 받는 것도 한 가지 방법이야. 혼자 떨치고 일어나는 건 쉽지 않거든. 엄마, 아빠가 어떻게 도와줄까? 어떻게 해주면 너한테 도움이 될 것 같니? 넌 어떻게 해보고 싶어?" 하고 물어보세요. 만약 아이가 그럴 때도 삐딱하게 "도움 필요 없어요." 하고 나오거든 "별거 아닌 것 같아 보여도 이게 상당히 중요한 문제거든. 귀차니즘이 점점 심해지면 나중엔 정말 아무것도 하기 싫어질지도 몰라. 엄마, 아빠 도움이 필요 없다면 전문가를 만나보는 게 어떨까? 너도 그럼 생각이 좀 달라질 거야."라고 설득해서 보다 적극적인 도움을 받으세요.

뭐가 그렇게 심심하고 지루한지
딸끝마다 지겹다고 투덜대기만 하고
머릿속에 대체 무슨 생각이 들어 있을까…

아이는 사는 게 재미없대요

잘못된 삶의 목표를 가지지
않도록 조심해야 해요

    요즘 아이들에게 커서 뭐가 되고 싶으냐고 물어보면 하나같이 돈을 많이 버는 사람이 되고 싶다고 대답해요. 단순히 돈 버는 걸 넘어서 '짧은 시간에 많은' 돈을 벌고 싶어 하죠. 언제부터, 왜 아이들이 이렇게 돈에 집착하게 된 걸까요? 과거에는 삼시 세끼 배불리 먹고, 연필과 공책 살 돈만 있으면 충분하다고 생각했어요. 그런데 요즘은 최고급 주택과 자동차, 명품 옷을 살 수 있을 만큼 큰돈이 있어야 행복하다고 생각하죠. 그래서 돈이 많지 않다는 이유 하나만으로 기운이 빠지고 다른 친구들 앞에서 움츠러들기도 해요. 하지만 아이들이 그렇게 된 건 부모 탓이 커요. 아이들은 부모의 모습을 보고 자라니까요.

보통 부모들은 아이를 키울 때 자신의 삶의 방향과 목표에 대해 말해 주지 않아요. 부모로서 어떤 삶의 가치관을 가지고 있고, 아이에게 어떤 점을 물려주고 싶은지 근본적인 이야기는 하지 않고 "너는 공부만 잘하면 돼." 하는 식으로 피상적인 이야기만 하죠. 그런데 대체 얼마나 잘해야 공부를 '잘' 한다고 할 수 있는 걸까요? 누군가는 꼭 1등을 해야 하지만 누군가는 5등 혹은 10등만 해도 잘하는 거라고 생각하기도 하잖아요. 그 기준을 대체 어디에 맞춰야 할지 알 수가 없는 거죠. 그 와중에 TV에서 빈부 격차를 보여 주는 장면이라도 나오면 "저 봐, 공부 못해서 좋은 대학 못 가면 저렇게 무시당하고 사는 거야." 하면서 열을 올려요. 공부를 못하면, 좋은 대학이 아니면, 돈이 없으면 무시해도 된다는 잘못된 가치를 아이에게 심어주는 거예요. 아직 가치관이 제대로 성립되지 않은 사춘기 아이들에게는 위험천만한 일이죠.

자본주의 사회에서는 남에게 손 벌리지 않고 안정된 생활을 유지하며 자식을 교육시킬 정도의 돈은 벌 수 있는 능력이 있어야 해요. 그게 안 된다면 문제 상황이 발생할 수 있어요. 하지만 단순히 돈을 벌기 위해서라면 반드시 좋은 대학, 좋은 학과를 나와 연봉 높은 직장에 취직하거나 전문가가 되어야 할 필요는 없어요. 돈을 벌 수 있는 방법은 굉장히 다양하니까요. 하지만 무슨 일을 하든 돈을 벌기 위해서는 기본적인 훈련과 연습이 필요해요. 그 바탕이 되는 게 바로 '부지런함'과 '성실함'이죠. 그리고 학교는 그런 기본적인 훈련과 연습을 시켜주는 곳, 스스로 그런 걸 배울 수 있는 곳이라고 설명해 주는 게 좋아요.

제가 아이들에게 돈에 대해서 알려 줄 때 꼭 해주는 말이 있어요. 돈은 너무 적으면 불편하지만, 많다고 해서 꼭 더 행복해지는 건 아니라는 것, 가장 중요한 건 돈에 대한 자기만의 가치관이 성립되어 있어야 한다는 것이에요. 저는 사실 100만 원짜리 운동화를 사는 건 아깝지만 100만 원어치 책을 사거나 도움이 필요한 곳에 기부하는 건 전혀 아깝지 않거든요. 돈은 어디에 어떻게 쓰느냐에 따라 그 가치가 달라지기 때문에 자신만의 가치관에 따라 필요한 곳에 의미 있게 돈을 쓸 수 있어야 한다고 말해 줄 필요가 있어요.

아이들을 공부시키는 건 좋은 대학에 보내서 돈을 많이 벌게 하기 위해서가 아니라 아이가 궁극적으로 인간다운 삶을 살게 해주기 위해서잖아요? 여기서 '인간다운 삶'이란 사회 안에서 조화롭게 살아갈 수 있는 인격을 전제로 하고 있고요. 하지만 성적이나 돈에만 가치를 부여하는 아이들은 개인적으로도 사회적으로도 균형 있는 인간으로 성장하기가 힘들어요. 다른 아이보다 외국어를 잘하고, 어려운 수학 문제를 잘 풀면 뭐하겠어요? 결과 위주로 성공만 좇는 아이는 다른 사람과 조화롭게 어울리고 서로 배려하며 살아가는 법을 배우기가 힘들어요. 내 것, 내가 할 일, 내 공부에만 신경 쓰느라 타인의 감정이나 고민에 대해서는 생각해 볼 겨를이 없는 거죠.

공부를 잘해서 명문대에 가고, 돈 잘 버는 직업을 갖는 것만이 최고의 인생이라고 가르치지 마세요. 먼저 어떻게 해야 행복하게 살 수 있을지 아이와 이야기를 나눠보세요. 그리고 함께 삶의 목표를 정해 보세요. 이러한 과정이 아이의 미래를 긍정적으로 만드는 첫걸음이 될 거예요.

삶의 보람과 가치의 중요성을
알려 주세요

아이들에게 "너는 뭘 할 때 가장 재미있니?" "너는 매일매일이 꼭 재미있어야 한다고 생각하니?" 하고 물으면, 아이들은 "그럼요, 재미있어야죠. 안 그럼 왜 살아요?" "지루한 건 못 견디겠어요." 하고 대답해요. 그럴 때 저는 이렇게 얘기하죠. "중요한 일은 매일 반복돼. 사실은 몹시 중요하기 때문에 반복되는 거지. 그리고 그런 일은 생각보다 지루하고 재미가 없는 법이야." 그러면 아이들이 궁금하다는 듯 제 삶도 지루하냐고 되물어요. 그럼 저는 솔직하게 대답하죠. 항상 비슷한 옷을 입고 창문도 없는 방에 하루 종일 앉아 있는 거, 솔직히 지루할 때도 있다고요. 너무 지루해서 확 뛰쳐나가 버리고 싶을 때도 있다고 말이죠. 하지만 그렇게 하지 않는 이유는 의사로서의 역할과 책임, 제가 하고 있는 일의 보람과 가치 때문이라고 말해요.

공부도 마찬가지예요. 보람과 가치를 생각하지 않으면 지루하기 짝이 없죠. 아이가 "전 이미 틀렸어요. 이 성적으로 대학 가긴 글렀어요."라고 얘기하면, "공부를 열심히 해야 하는 진짜 이유는 의사나 박사, 판검사가 되기 위해서가 아니야. 공부하는 과정을 통해 고비를 견디고 지루한 걸 참는 법을 배우는 거지. 너는 지금 성적이라는 가시적인 결과만 중요하게 생각하기 때문에 미리 좌절해서 포기하고 싶어지는 거야. 성적이 좋든 나쁘든 일단 열심히 해봐. 열심히 해보는 경험 자체가 공부의 보람과 가치거든." 하고 말해 주세요.

사춘기는 유아기와 비슷한 게 참 많아요. 뭔가 성숙한 목표를 가지고 행동을 하는 것처럼 보이다가도 결국 가장 중요하게 생각하는 건 '재미'인 경우가 많거든요. 그래서 아이들은 뭐든 재미있어야 좋다고 생각하죠. 재미가 없으면 하기 싫어하고요. 그래서 지루한 공부를 포기하고 재미있는 놀거리만 찾아다니는 아이들도 종종 볼 수 있어요. 저는 그런 아이들을 만나면 꼭 물어봐요. "시험 기간에 공부 안 하고 노래방에서 놀다 오면 재미있니?" 그럼 아이들은 잠시 곰곰이 생각해 보곤 말해요. "꼭 그런 건 아니죠."라고요. 그럼 저는 "거봐, 산다는 건 그렇게 재미 있는 일만은 아니야. 네가 가장 재미있다고 생각해서 중요한 걸 포기하고 한 일조차 그렇게 재미있고 신 나지만은 않았잖아. 그렇다면 어떤 일을 택하는 게 더 현명한 걸까? 재미는 없지만 꼭 해야 하는 일? 아니면 어른들이 하지 말라고 하는 데다 막상 해보면 딱히 재미도 없는 일?" 그러면 아이들은 아무 말도 못하죠.

아이의 생각을 바꾸려면 부모님 스스로의 생각을 바꿀 필요도 있어요. "학생이 무슨 재미 타령이야? 재미없어도 그냥 꾹 참고 해야지." 하고 타박만 해선 안 돼요. 아이에게 보다 근본적인 생각을 하게 해줘야죠. '어? 정말 그렇네? 재미있는 게 꼭 좋은 것만은 아니잖아?' 하는 의문이 생기면 그다음부턴 아이도 뭔가 생각을 하게 돼요. 재미없으면 무조건 못 견뎌 하는 반사적인 행동이 줄어들기 시작하죠.

뭔가 하나라도 열심히 하는 게
있다면 공부는 좀 못해도 봐주세요

아이가 공부하길 너무 싫어한다면, 중학교 2학년 정도까지는 공부 말고 다른 걸 시켜보는 것도 괜찮은 방법이에요. 공부 싫어하는 아이를 아무리 책상 앞에 앉혀 놓아 봤자 금세 거짓말하고 나가 버리거든요. 학원도 자꾸 빠지고요. 이럴 때 부모가 눈여겨보고 걱정해야 할 것은 떨어지는 학교 성적이 아니라 아이가 생활 속에서 성취감이나 보람을 전혀 느끼지 못한다는 점이에요. 그렇다면 공부 말고 어떤 걸 시키는 게 좋을까요?

일단 아이가 하고 싶어 하는 걸 하도록 지원해 주세요. 아이가 연예인이 되고 싶어 하거든 보컬 트레이닝을 받아보게 하거나 방송 댄스를 배워보게 하세요. 게임도 마찬가지예요. 아이가 게임에 빠져 있다면 아예 게임 대회에 나가 보게 하는 거예요. 보통 그런 대회에 나가면 백에 열은 다 지고 돌아오는데 그러면 아이 스스로 "저는 게임은 그냥 취미로만 해야 할 것 같아요." 하고 스스로 선을 긋기도 해요. 물론 "더 열심히 해야겠어요."라며 의욕을 보이는 아이들도 있죠. 그런 아이들은 충분히 독려하고 지원해 주세요. 말썽만 부리는 아이나 공부하길 너무 싫어하는 아이라면 차라리 중학교 2학년 때까지는 조금이라도 하고 싶은 걸 마음껏 해보게 하는 편이 나아요. 사춘기에는 공부도 중요하지만 매일매일 자기가 정한 목표를 실행에 옮기고 성취감을 느끼는 경험도 아주 중요하거든요.

대신 아이가 좋아하는 걸 시켜줄 때도 반드시 아이로부터 약속 하나는 받아두는 게 좋아요. 절대 학교를 빠져서는 안 된다는 거예요. 학교에 가서 공부를 열심히 하지 않는 건 상관없지만 결석하는 일은 없어야 한다는 거죠. 그리고 일단 학교에 간 이상 수업 시간에 대놓고 엎드려 자선 안 된다고 당부하세요. 그건 태도의 문제거든요. 상대에 대한 예의의 문제이기도 하고요. 너무 졸려서 견딜 수가 없으면 최소한 졸지 않으려고 노력하는 자세라도 보여 줘야 한다고 가르쳐야 해요.

가장 문제가 되는 건 아이가 그 어떤 것에도 재미와 흥미를 느끼지 못하는 경우예요. 무엇이든 아이가 재미있어 하는 게 한 가지라도 있으면 그걸 열심히 하도록 지원해 주면 되지만, 세상에 재미있는 게 아무것도 없다는 아이는 뭘 좋아하는지 찾게 하는 일부터 시작해야 해요. 아이들이 재미없다고 느끼는 건 지금 하고 있는 일이 자기와 너무 안 맞기 때문이거든요. 자신이 원하고 좋아하는 것과 어른들이 중요하다고 여기는 것의 괴리가 너무 큰 거죠. 이런 아이에게는 우선 "넌 어른이 되면 뭘 하고 싶니?" 혹은 "너는 뭘 할 때 가장 신 나고 재밌니?" 하고 물어봐서 자기 생각과 마음을 들여다볼 수 있게 해줘야 해요. 그러려면 아이에게 일상생활을 찬찬히 돌아보며 자신이 조금이라도 재미있다고 느끼는 게 무엇인지 노트에 적어보라고 하는 게 좋아요. 그리고 그 일들 사이의 공통점을 찾아보는 거죠. 아이는 이런 과정을 통해 조금씩 자기 자신을 파악해 나가기 시작할 거예요.

사춘기 아이를 둔 부모님들이 가장 걱정하는 부분은 아이가 공부를 너무 안 하거나 나름대로 하는 것 같은데 성적이 너무 안 좋을 때인 경우가 많아요. 그럼 저는 아이의 공부를 잠시 접으라고 권해요. 부모님과 관계가 좋았다면 그 관계를 바탕으로, 그게 아니라면 이번 기회로 관계를 회복하면서 아이와 즐겁게 놀라고 하죠. 방학 동안에는 여행도 가고 주말마다 봉사 활동도 해보고요. 제가 이렇게 얘기하면 부모들은 어떻게 이 중요한 시기의 아이들에게 공부에 손을 놓으라고 할 수 있느냐며 놀라요. 그런데 아이에게 가장 중요한 게 정말 공부일까요? 아니요. 사춘기 때는 공부를 조금 잘하고 못하고보다 부모와 원만한 관계를 형성하고 유지하는 게 인생 전체를 봤을 때 더 중요하고 의미 있는 일이에요.

아이들에게 공부를 시키는 이유도 최선을 다해 삶을 살아가는 자세를 가르치기 위해서잖아요. 그런데 공부로 그걸 가르치자니 아이는 공부를 너무 싫어하고, 그것 때문에 부모님과 갈등이 생기는 일도 많아요. 갈등만 많고 성취는 적은 공부를 억지로 시킬 필요가 있을까요? 다른 활동을 하다 보면 오히려 공부에 대한 동기가 생길 수도 있어요. 공부가 너무 싫은 아이에게 '공부'로 그걸 가르치겠다고 무리하게 욕심을 내면 결국 실패로 끝날 가능성이 크죠. 그러면 아이는 '최선' '성실함' 같은 중요한 삶의 태도를 어른이 될 때까지 못 배울 수도 있어요.

'빨리빨리'를 버리세요.
생산성과 효율성이 전부는 아니에요

저를 찾아온 고등학교 1학년 여자아이 하나는 초등학교 5학년 때 전 과목 만점을 한 번 받고 난 이후로 부모님의 엄청난 기대에 '시달려야' 했대요. 아이의 아빠는 회사의 중간급 관리자로, 젊었을 때 고생해서 일찌감치 자수성가한 사람이었어요. 좋은 학교를 졸업하고 사회에서 빨리 자리를 잡는 것이 얼마나 중요한지 몸소 경험했던 사람인 거죠. 아이는 부모님의 기대에 걸맞게 중학교 1학년 내내 전교 1등을 놓치지 않았어요. 그런데 알고 보니 전 과목 만점을 맞았던 초등학교 5학년 이후로 아빠의 폭행이 시작되었던 거예요. 공부하는 내내 지켜보고 앉아 아이가 아주 잠깐만 딴 데를 봐도 머리채를 잡고 바닥에 내동댕이쳤

다더라고요. 아이는 그때 만점을 받았던 일이 그렇게 후회될 수가 없다고 했어요. 그리고 고등학교에 가자마자 공부에 손을 놓아버렸죠. 대신 나중에 공부가 다시 하고 싶어질 때, 할 수 있는 만큼만 하자고 결심했대요. 이렇게 부모가 성적만 중요하게 생각하고 생산성과 효율성만 따지면 아이는 공부가 더 하기 싫어져요. 부모는 아이가 지금은 좀 힘들고 괴로워도 결과가 좋으면 결국 아이에게도 좋은 일이라고 믿고 싶어 하지만 양육에서는 사실 결과보다 과정이 더 중요하거든요. 당장의 결과가 아무리 좋아도 과정이 나쁘면 결국 부모 자녀 관계, 아이 인생 모두를 망치게 돼요.

「맹자」의 공손추 편에 '알묘조장(揠苗助長)'이라는 사자성어가 나와요. 농부 하나가 매일 모판에 난 싹을 들여다보며 빨리 쑥쑥 자라지 않는 걸 몹시 안타까워했어요. 보다 못한 농부는 싹을 살짝 위로 잡아당겨 주었어요. 그게 싹이 자라는 걸 돕는 길이라고 생각한 거죠. 언뜻 보기에는 싹이 어제보다 훨씬 더 많이 자란 듯했어요. 그런데 며칠 뒤에 가서 보니 싹이 전부 말라 죽어 있었지요. 순리에 맞지 않게 무리해서 일을 진행시키는 것은 득보다는 해가 됨을 가르쳐주는 이야기예요.
 아이의 공부 문제에서도 똑같아요. 부모들은 '빨리빨리'를 주문처럼 외우면서 아이 공부에 관여해요. 빨리 선행 학습을 해야 하고, 빨리 성적이 올라야 하고……. 아이가 저마다의 속도로 시행착오를 겪으며 스스로 삶을 배워갈 만한 시간을 충분히 주지 않아요. '빨리빨리' 서두르다 보면 정작 중요한 것을 놓쳐 훗날 더 큰 문제를 일으킬지도 모르는데 말이죠.

사실 부모들의 '빨리빨리' 사고방식은 이미 아이들의 뇌 발달에 큰 타격을 주고 있어요. 우리나라 아이들은 전 세계에서 공부를 가장 많이 하는 아이들 중 하나예요. 그러다 보니 다른 나라의 또래 아이들에 비해 머릿속에 든 지식의 양은 엄청 풍부해요. 하지만 자세히 들여다보면 전체를 조망하는 능력, 결과를 예측하는 능력, 유연하게 사고하는 능력, 체계적이고 논리적인 사고력, 주의 깊게 관찰하는 능력 등이 부족하다는 걸 알 수 있어요. 이러한 능력은 모두 전두엽이 담당하는데 '빨리빨리'만 강요하다 보니 이 기능이 발달한 틈을 안 줘서 성장하지 못한 거죠. 부모가 아이에게 공부를 시키는 까닭은 분명 아이의 인생을 위해서잖아요? 하지만 부모가 공부에서 빨리 좋은 결과를 내길 바랄수록 아이는 비뚤어지게 되어 있어요. 자기 인생을 망가뜨려 가면서까지 반항을 하고 싶어 하죠. 빨리빨리 서두른다고 해서 아이의 인생이 확 달라질 거라고 확신할 수 없다는 말이에요.

아이 미래에 대한 부모의 불안함 때문에 지금 당장 누려야 할 아이의 행복마저 짓밟을 셈인가요? 지금 우리가 하고 있는 교육이 아이의 인생에 도움이 되는 것인지, 아이들에게 정말 필요한 것을 주고 있는 것인지 곰곰이 돌이켜 생각해 보세요.

재미만 좇다가는
큰일 날 수 있어요

무조건 재미있으면 그만이라는 아이들의 생각은 자칫 위험한 장난으로 번질 수 있어요. 친구를 괴롭힌 아이들에게 "도대체 친구한테 왜 그랬니?" 하고 물으면 가장 자주 듣는 대답이 "그냥 장난친 거예요." 거든요. 얼마 전, 초등학교 3학년 아이들 열 명이 반 친구 한 명을 고문에 가까울 정도로 집단 폭행했던 사건이 있었어요. 머리채를 잡고 여기저기 끌고 다니고, 얼굴에 물을 뿌리고, 아이의 손가락을 막대기로 찍어 눌렀죠. 심지어 괴로워하는 아이의 모습을 동영상으로 찍어놓기까지 했어요. 어이없게도 그 아이들이 친구를 괴롭힌 이유로 설명했던 것도 바로 '장난'이었어요. 초등학교 6학년 남자아이 세 명이 평소 알고 지내던 20대 여성 지체 장애인을 성폭행했던 사건 역시 아이들이 '재미'로 벌인 일이었고요. 어떻게 장난이나 재미로 다른 사람을 그렇게 가학적으로 괴롭힐 수 있을까요?

아이들은 자기보다 약한 사람을 괴롭힐 때 순간적으로 다음과 같은 생각을 해요. 첫 번째는 나보다 능력이 떨어지니까 함부로 해도 된다는 생각이고, 두 번째는 피해자가 저항할 수 없는 상황이기 때문에 자신이 저지른 일이 발각되지 않을 거라는 생각이에요. 동물을 학대하는 사람의 사고방식과 많은 부분이 닮아 있죠. 동물은 스스로를 보호하지 못하잖아요. 자신이 당한 것을 누군가에게 호소할 수도, 경찰에 신고할 수도 없어요. 어린아이나 장애인도 마찬가지죠. 인간에게는 선한 본성도 있지만 악한 본성도 있어요. 그리고 아이들은 약자를 본능적으로 알아보고 자신의 악한 본성을 약자에게 휘두를 때가 있죠. 인간의 존엄성에 대한 이해 자체가 부족한 거예요. 사회적 약자에 대한 이해와 배려는 어릴 때 부모로부터 자연스럽게 배워야 하는 덕목인데, 요즘은 공부, 대학, 돈의 중요성에 밀려 정작 가장 기본적인 생명 존중 태도는 못 배우고 있는 듯한 느낌을 받을 때가 종종 있어요. 정말 슬픈 일이죠.

사춘기는 성적 욕구가 엄청나게 증가하는 시기예요. 샤워하다가 성기를 살짝 건드리기만 해도 온몸의 신경계가 예민하게 반응하죠. 말초신경이 자극되고 순간 온몸이 흥분하는 거예요. 그리고 아이들은 이 상황을 아주 재미있고 짜릿한 순간으로 기억해요. 사춘기 아이에게 몸은 가지고 놀 수 있는 장난감인 거죠. 남의 몸을 만지는 게 사회적으로 문제가 되고, 그로 인해 자기가 더 큰 피해를 입을지도 모른다는 생각을 하지 못해요. 물론 그렇다고 모든 아이들이 성폭행이라는 엄청난 일을 저지르는 건 아니에요. 그 충동을 특히 참지 못하는 아이들이 있는 거죠. 그리고 이런 사고를 미연에 방지하려면 2차 성징이 나타나기 시작할 즈음 제대로 된 성교육을 해주는 게 좋아요.

재미있다고 해서 모두 놀이가 되는 건 아니에요. 사회적으로 해악을 끼치는 행위를 놀이라고 느끼는 사람은 사이코패스나 괴물이겠죠. 어릴 때는 본능에 따라 재미있는 놀이를 찾는 것이 자연스러운 행위였지만 그게 잘못된 방향으로 변형되지 않게 하기 위해서는 부모가 올바른 의식을 심어주고 건전한 놀이로 재미를 찾을 수 있도록 도와줘야 해요.

하나도 재미없는데 깔깔 대며 웃고
안 꾸며도 한창 예쁠 시기에
이리 꾸미고 저리 꾸미고···
도대체 이해가 안 되니···

아이는 부모가 자신을 이해해 주지
않는다고 생각해요

우리가 정말 아이를
이해할 수 있을까요?

스스로에게 질문을 던져보세요. '나는 내 아이에 대해 얼마나 알고 있는가, 진심으로 이해를 하고 있는가.' 하고요. 아마 이 질문에 그렇다고 자신 있게 대답할 수 있는 부모는 많지 않을 거예요. 아이는 부모와는 엄연히 다른 하나의 인격체예요. 나를 닮았을 뿐, 나와는 다른 사람이죠. 속해 있는 세대도, 시대도, 나이도 전부 달라요. 살아온 경험이 다른데 어떻게 마흔세 살의 어른이 열세 살 아이의 마음을 다 알 수 있겠어요? 아무리 노력해도 아이를 '완벽하게' 이해한다는 건 불가능한 일이에요. '내 배 속에서 나온 내 자식이니까 다 안다'는 건 말도 안 되는 착각이죠.

아이와 부모의 생각 차이는 외모에 대한 취향에서 단적으로 드러나요. 사춘기 아이가 예쁘다고 하는 것이 부모 눈에는 하나도 안 예뻐 보일 때가 많거든요. 요즘 아이들이 선호하는 잘생긴 남자는 만화 「캔디」에 나왔던 테리우스처럼 깡마르고 다리가 가늘어요. 부모가 볼 때는 꼬챙이처럼 비쩍 마르고 '기생오라비'처럼 생겼을 뿐인데 말이죠. 예쁜 여자는 긴 생머리에 얼굴이 하얗고 몸매가 날씬해야 한다고 생각하고요. 하지만 부모는 어린 여자아이들이 짧은 치마에 하이힐을 신고 어색하게 화장한 모습을 보면 속으로 '아무것도 안 바른 게 훨씬 예쁜데…… 왜 예쁜 피부를 저렇게 망쳐놓는 걸까…….' 하며 혀를 끌끌 차죠. 왜 아이들 눈에는 최고로 예쁜 게 어른들 눈에는 하나도 안 예뻐 보이는 걸까요? 그건 미의 기준이 각자 다르기 때문이에요. 미의 기준은 경험치에 따라 달라지거든요. 경험의 종류도 양도 다른 아이와 부모는 절대 같은 잣대로 볼 수 없다는 거죠. 그러니 서로를 이해하지 못하는 거예요.

부모가 아이를 이해할 수 없는 또 다른 이유는 뇌가 서로 다른 발달 단계에 있기 때문이에요. 사고나 정서, 문제 해결 능력이 서로 다른 단계에 있는 거죠. 부모는 이미 아이의 발달 단계를 거치고 난 다음 단계에 있기 때문에 사고의 순서나 체계가 아이보다는 복잡하고 고차원적이에요. 그래서 어른들이 심각하게 여기는 일에 아이들은 깔깔대며 웃을 수 있는 거지요. 단순하게 생각하니까요. 아이는 많은 것을 통합적으로 인지하고 이해하고 받아들이는 능력이 떨어지거든요. 아파서 누워 있는 엄마한테 왜 밥 안 차려주느냐고 아이가 조른다 해도, 자식이라고 낳아놨더니 엄마 아픈 건 몰라주고 자기 배고프다고 밥만 달라 한다며 섭섭해할 필요가 없다는 거예요.

아이는 '나와 다르다'는 걸 인정하세요. 보는 눈도 다르고 중요하게 생각하는 것도 다르죠. 이것만 인정해도 아이의 말과 행동에 자극받는 일이 줄어들고 이해의 폭이 넓어지는 걸 느낄 수 있을 거예요.

가정에 위기가 오면
아이는 어떤 생각을 할까요?

유아기 아이들은 부모가 나를 사랑하는 한 절대 이혼은 하지 않을 거라고 믿어요. 그래서 부모가 이혼을 하면 날 사랑하지 않는 거라고 여기죠. 반면 사춘기 아이들은 자신이 부모의 이혼 위기 상황을 해결할 수 있을 거라고 생각해요. 그러다 결국 부모가 이혼을 해버리고 나면 '내가 할 수 있는 일이 없구나. 내 존재가 이렇게 아무것도 아니었구나.' 하는 생각에 의기소침해지고 무력감을 느끼죠. 사춘기 아이들은 그 시기의 특성상, 자신이 뭐든 할 수 있을 거라고 생각하는 경향이 있기 때문에 자기가 영향력을 끼치지 못하는 상황을 받아들이기 힘들어해요. 거기서 생기는 무기력증이나 불안증이 강박증으로 바뀌는 경우도 있고요. 내가 통제하지 못했던 일이 나를 힘들고 불안하게 만들었다는 생각에 다시는 똑같은 일을 겪지 않기 위해 자기도 모르게 방어 기제가 발달하는 거예요. 그래서 사전에 문제를 일으킬 모든 요소들, 그리고 그것과 전혀 관련이 없는 것들까지 통제하려 하죠. 예를 들면, 모든 것을 제자리에 딱딱 놓아야 직성이 풀려 한다든지, 자기 마음에 안 드는 행동을 하는 사람에게 끊임없이 잔소리를 하는 거예요. 하지만 이런 아이의 마음 깊은 곳에는 불안한 마음, 원망하는 마음이 숨어 있어요.

어느 날 갑자기 집안 형편이 어려워졌을 때, 아이는 무슨 생각을 할까요? 저를 찾아온 한 초등학교 5학년 아이는 불안해서 학교에 못 가겠다는 고민을 털어놓았어요. 학교에 있으면 자꾸 집에 가고 싶다는 거예요. 학교에서는 친구들하고 눈도 못 마주친대요. 특히 남자아이들이 무섭다고 했어요. 그런데 학교에서는 그렇게 온순하고 조용하기만 하던 아이가 집에만 가면 난폭한 야수로 돌변했어요. 아빠가 뭐라고 한마디만 하면 야구방망이를 집어 들었죠. 이야기를 들어보니 아빠의 주식 실패로 집안이 어느 날 갑자기 쫄딱 망한 거예요. 아이는 아빠 때문에 자기 인생이 망했다고 말했죠. 아이가 아빠에게 느끼고 있는 원망과 분노는 이루 말할 수가 없었어요. 아이가 아빠를 이렇게 증오하게 된 데는 엄마의 영향이 컸지요. 집안 형편이 어려워지자 부부는 큰 소리로 싸운 경우가 많았는데, 그때마다 아이 엄마가 "당신이 그런 짓만 안 했어도 우리가 지금 이 고생은 안 했을 거아냐!" 하면서 모든 책임을 아빠에게 전가한 거예요. 이 모습을 본 아이는 엄마의 말을 그대로 받아들인 거죠.

물론 이런 시련을 주지 않는다면 더 좋겠지만, 어쩔 수 없는 경우가 생겼을 때 부모님은 무엇보다 행동을 조심해야 해요. 아이들은 경제적 위기도 위기지만 그것 때문에 부모님이 소리 지르며 싸우는 모습을 보는 게 더 괴롭다고 하거든요. 부모님이 이러다 이혼이라도 하는 건 아닌가 불안한 거죠. 그러면 저는 "그래, 네가 스트레스가 많겠구나. 네가 부모님 싸우는 모습을 보는 걸 얼마나 힘들어하는지 대신 얘기해 줄게. 그런데 너희 부모님 같은 경우 헤어질 것 같았으면 아마 진작 헤어졌을 거야. 두 분이 그렇게 싸우면서도 헤어지지 않는 건 이 어려움 속에서도 너를 지키고 가정을 유지하고자 하는 마음이 크기 때문인 거지. 그러니까 너무 불안해하지 않아도 돼." 하고 말해 줘요.
아이는 아직 어리고 가치관이 충분히 형성되지 않은 상태이기 때문에 아이 앞에서 부모가 심하게 싸우는 건 좋지 않아요. 아니, 절대로 해선 안 되는 일이에요. 집이 망한 것보다, 부모님이 이혼한 것보다 부모가 싸우는 것과 그로 인한 파장이 아이의 평생에 더 큰 악영향을 미칠 수 있거든요.

  가정이 경제적으로 힘들어졌거나 부부 사이에 위기가 왔을 때 사춘기 아이의 부모가 특히 더 지혜롭고 현명하게 행동해야 하는 이유가 또 있어요. 이 시기의 아이들은 이분법적인 사고방식을 가지고 있기 때문에 가정에 위기를 초래한 사람을 일방적으로 미워하기 시작하거든요. 더 큰 문제는 그런 억울함 때문에 자기는 어떤 행동을 해도 괜찮다고 생각하는 거예요. 나를 이렇게 힘들게 만들었으니 부모님에게 욕을 하고 대들면서 버릇없이 굴어도 괜찮다며 자신의 모든 행동을 합리화하는 거죠. 저는 이런 아이들에게 이렇게 말해 줘요.

  "아무리 잘살아도 자식에게 재산을 물려주지 않는 부모도 많아. 외국의 갑부들은 자신이 죽고 나면 전 재산을 사회에 환원하기도 한다잖니. 네가 성인이 되고 난 다음에 부모님으로부터 얼마를 물려받을 수 있을지는 생각할 필요 없어. 그것 말고도 네가 생각해야 할 것들이 얼마나 많은데 지금 그런 고민을 하고 있어? 냉정하게 말하면 네 아빠가 돈을 잘 벌어서 부유하게 살 때나 형편이 어려워진 지금이나 네 사정은 크게 달라진 게 없다는 거야. 아무리 예전보다 형편이 안 좋아졌다 해도 네가 지금 당장 학교 그만두고 돈을 벌어야 한다거나 밥을 굶을 정도는 아니잖아? 물론 속은 많이 상하겠지만 달라진 상황을 인정하고 받아들일 줄도 알아야 하는 거야. 네가 지금 힘들다면 네 부모님은 너보다 수십 배, 아니 수백 배 더 힘들 수 있다는 것도 좀 생각하고. 당신의 잘못 혹은 실패 때문에 자식에게 안 좋은 영향을 미칠 게 두려워서라도 네 부모님은 네가 성인이 될 때까지는 무슨 수를 써서라도 지원해 주려고 하실 거야. 그러니까 너는 지금 그렇게 네 인생까지 망쳐가며 부모님 원망, 세상 원망에 빠져 있을 게 아니라 이 상황에서 네가 할 수 있는 최선을 찾아야 해. 그게 현명한 일이야. 네가 해야 할 일이고."

이 아이와 엄마의 생각대로라면 빚을 다 갚고 예전 집으로 다시 이사를 가지 않는 한 문제가 해결되지 않을 거예요. 하지만 그건 정말 꿈같은 일일 뿐이지요. 그렇다면 계속 아빠를 원망하며 살아야 한다는 건데, 그 삶은 본인에게도, 가족에게도 얼마나 불행하겠어요?

사람이 살면서 모든 상황을 예측할 수는 없어요. 어느 순간 어떤 상황이 일어날지, 누구를 만날지는 아무도 모르는 거죠. 좋은 사람을 만날 수도 있지만 나를 이유 없이 싫어하고 모함하는 사람을 만날 수도 있고요. 그렇기 때문에 나에게 일어나는 모든 일을 내 뜻대로 통제할 수는 없어요. 그런데 그럴 때마다 원망과 분노에 허우적대며 자신을 포기해 버리면 결과적으로는 다 자기 손해예요. 오히려 바뀐 상황에 가능한 빨리 적응하고 문제 해결을 위해 노력하는 게 지혜로운 처사지요.

집안에 안 좋은 일이 생겼을 때는, 부모가 직접 아이를 앉혀 놓고 이렇게 얘기해 준다면 더할 나위 없이 좋을 것 같아요. "정말 미안하게 됐구나. 내 행동을 변명할 생각은 없어. 그저 너는 이번 일을 통해서 꼭 배웠으면 좋겠다. 한 번의 실수가 엄청난 결과를 가져올 수 있다는 걸 말이야." 혹은 "정말 미안해. 이런 일이 없었으면 좀 더 좋은 환경에서 좋은 교육을 시켜줄 수 있었을 텐데……. 하지만 너를 사랑하는 마음은 변함이 없다는 사실 하나만은 꼭 알아줬으면 좋겠어. 우리 함께 이 위기를 잘 이겨내 보자." 하면서 진솔한 이야기를 나누면 최소한 가정의 위기가 아이의 위기로 번지는 일은 없을 거예요.

사춘기의 성(性),
민망하다고 피하면 안 돼요

사춘기가 되면 아이들에게 2차 성징이 나타나죠. 그런데 아무리 이론적으로 잘 알고 있어도 막상 아이의 달라진 모습을 보면 어떻게 해야 할지 난감해하는 부모들이 생각보다 많아요. 아이들은 여러 가지 통로로 자신의 2차 성징을 자연스럽게 받아들이는 반면, 부모는 무방비 상태로 있다가 예상보다 빨리 온 아이의 2차 성징에 갑자기 서먹한 사이가 되기도 하거든요. 특히 엄마는 아들 때문에, 아빠는 딸 때문에 당황해하는 경우가 많죠.

초등학교 5학년 남자아이가 있었어요. 엄마와 아들 사이는 이전까지 별 문제가 없었지요. 그런데 요즘 들어 아들이 엄마를 자꾸 뒤에서 껴안는다는 거예요. 엄마가 느끼기에는 아들이 자기를 안을 때 고추가 서는 것 같고 자기 엉덩이에 고추를 비비는 것 같다고 했어요. 그러다 어느 날은 자기도 모르게 "야! 저리 가! 얘가 징그럽게 왜 이래?" 하면서 아들을 밀쳐 버렸대요. 아이는 너무 놀라고 속상해서 한참을 서럽게 울었고요. 또 "엄마, 나 고추 선다!" 하면서 엄마 손을 끌어다 자기 고추를 만져보게 했다는 아이도 있었어요. 엄마는 너무 놀라서 아이의 손을 확 뿌리쳤죠. 아이는 엄마의 과민한 반응에 오히려 기분이 이상해져 버렸어요. 아이는 그저 자기 몸의 변화가 신기해서 이야기했을 뿐인데 엄마가 어른의 사고방식으로 거부감을 느껴버린 거죠. 하지만 아들이 "엄마!" 하며 다가와서 안기는 건 아직 부모에게 응석을 부리고 싶은 마음이 남아 있다는 거거든요. 그럴 때는 아이의 행동을 자연스럽게 받아주세요. "아이고, 무거워라. 덩치가 커져서 이젠 엄마가 감당이 안 되네." 하면서 웃으며 말해 주면 돼요.

　하지만 아이가 일정한 나이가 되면 아무리 자식이라도 성기 주변은 부모가 만지지 않는 게 맞아요. 목욕을 시킬 때도 그 부분은 아이에게 닦게 해야죠. 아이가 발기된 성기를 만져보라고 하면 놀라서 피할 게 아니라 올바른 행동법을 알려 주는 게 좋아요. 아이의 그런 행동은 성적인 의미를 담고 있는 게 아니거든요. 그런데 이때 엄마가 "어우, 징그러워. 저리 가!" 해버리면 아이는 엄마에게 거부당했다는 느낌을 받게 돼요. 그럴 때는 당황하지 말고 "네 소중한 부분은 아무리 엄마여도 만져선 안 되는 거야. 네가 싫어서가 아니라 네가 자란 만큼 엄마가 너에게 사랑을 표현하는 방식도 달라져야 하는 거거든. 너를 존중하고 사랑하는 또 다른 방식인 거지." 하고 이야기해 주세요.

어떤 아이는 성기에 털까지 났는데도 집이라고 벌거벗은 채 돌아다니기도 해요. 그럴 때는 아이를 불러다 따끔하게 얘기해 줘야 해요. "아무리 부모 자식 간이라도 일정한 나이가 되면 서로 지켜야 하는 예의라는 게 있는 거야. 너 밖에 옷 벗고 돌아다니지 않잖아. 옷을 입는다는 건 암묵적인 서로에 대한 배려고 약속인 거니까. 이제부터는 집에서도 그렇게 벗고 다니지 않는 게 좋을 것 같아." 하면서 성기는 남에게 보여 주는 게 아닌 소중한 것이라고 이야기해 주는 거죠. 저는 "아프리카에 옷 안 입고 다니는 사람들도 성기만큼은 나뭇잎으로 가리잖니. 소중하니까 감춰주고 보호해 주는 거야." 하고 말해 줘요. 그리고 성기가 발기하는 이유에 대해서 아이가 물으면 가능한 과학적으로, 아는 지식을 총동원해서 이야기해 주세요. "고추가 딱딱해지는 건 뼈가 있어서가 아니야. 그 안에는 혈액이 흐르고 있는데, 혈액이 순간적으로 꽉 차면서 고추가 딱딱해지는 거야."라고 말이에요.

　이번에는 딸을 가진 아빠의 사례를 이야기해 볼까요? 중학생 딸이 너무 예뻐서 자꾸 안아주고 싶다는 아빠가 있었어요. 그런데 언젠가부터 아빠가 안으려고 하면 딸이 몸을 확 빼면서 "아빠, 변태 같아." 하고 자기를 밀쳐 내기 시작했대요. 아빠는 상처를 받았죠. 딸이 예뻐서 안으려고 한 건데 변태라는 말을 들었으니 얼마나 당황스러웠겠어요. 그래서 "너, 아빠한테 그게 무슨 말버릇이야?" 하면서 화를 냈어요. 아이는 억울했을 거예요. 아이 입장에서는 아빠가 이상한 행동을 해놓고 되려 자신을 나쁜 아이 취급 한 거거든요. 그리고 얼마 지나지 않아 아빠가 또 비슷한 행동을 하자 아이는 마구 짜증을 냈고, 그 모습에 아빠도 화가 잔뜩 났어요. 그래서 "너 어제도 10시에 들어왔지! 오늘은 8시까지 안 들어오면 가만 안 둘 줄 알아!" 하고 지금 상황과는 전혀 상관없는 일을 문제 삼아요.

　이럴 때 아이와 아빠의 관계는 틀어져 버려요. 당황스럽고 섭섭한 아빠의 마음도 이해를 못하는 건 아니지만 사실 딸의 요구도 잘못된 건 아니거든요. 아이가 하지 말라고 하면 아무리 서운해도 "어, 그래. 미안해." 하면서 물러났어야 하는 거예요. 그러고 나서 "아빠는 내 딸이 너무 좋아서 그렇지." 하고 말해 주는 거죠. 그래도 딸이 "아빠 변태 같아." 하면 "변태라는 말은 아무 때나 쓰는 게 아니야. 부모 자식 간에 성적인 개념이 끼어들면 안 되지."라고 설명해 주세요.

요즘은 성교육이 성추행이나 성폭행에 비중을 두는 경향이 있어서 유치원 아이 때부터 누가 자기 몸에 손을 대면 "싫어요!"라고 외쳐야 한다고 가르쳐요. 그런데 이걸 잘못 이해한 아이는 부모가 사랑의 표현으로 스킨십을 하는 것에 대해서까지 거부 반응을 보이죠. 그런 아이의 행동은 부모에게 상처가 되고요. 하지만 아무리 그래도 아이가 싫다고 하면 하지 않는 게 맞아요. 내가 나쁜 의도를 가지고 한 행동이 아니어도 상대가 너무 싫어하면, 하지 않는 게 그 사람을 존중하는 거거든요. 그런데 대개의 부모들은 아이의 과민 반응을 대수롭지 않게 여기거나 자존심이 상해서 하지 말라는데도 자꾸만 똑같은 행동을 해요. 아이가 내 말을 듣는 게 아니라 내가 아이 말을 듣는다는 생각이 들면서 지고 싶지가 않은 거죠. 하지만 그건 아이와의 관계를 망치는 지름길이에요.

아이가 좀 더 크면 부모들은 혹시나 우리 아이가 '야동'을 보는 게 아닐까 신경을 곤두세우는 경우가 많아요. 사실 야동을 권장하는 건 아니지만 큰 문제가 되지 않는다면 어느 정도는 그냥 모른 척해 줄 필요도 있어요. 어떤 엄마는 아이가 야동을 보느라 공부를 안 한다고 걱정하더라고요. 그래서 제가 "여동생이 있는데 거실에서 야동을 틀어놓는다든가 그런 건 아니죠?" 하고 물었어요. 그랬더니 그건 아니래요. 그럼 그냥 내버려 둬야 해요. 야동을 보는 건 대단히 비밀스러운 아이만의 사생활이니까요. 그것까지 통제하려고 하는 건 아무리 부모라도 월권 행위라고 봐야 해요.

성교육은 민망하다고 모르는 척 그냥 안 하고 넘어가도 되는 문제가 아니에요. 아이의 호기심에 어떻게 반응해야 할지 몰라서 모르는 척하고 있으면 부모도 아이가 자꾸 부담스러워져요. 아예 드러내놓고 자세하게 설명을 해주는 편이 서로를 위해서 나아요. 성에 대한 지식은 부모가 제대로 가르치는 게 가장 좋거든요. 성은 사춘기 아이들의 호기심을 자극하기 아주 좋은 주제이기 때문에 집에서 배우지 않으면 어딘가에서 엉뚱한 방식으로 배워올 수 있어요. 그러니까 민망하다고, 부끄럽다고 피하지 마세요.

잔소리만 좀 줄여도 단번에
200배는 좋은 부모가 될 수 있어요

사춘기 아이가 외모를 꾸미는 것이나 유행 따라 행동하고 싶어 하는 것, 부모들은 납득이 안 되고 안 했으면 싶을 수도 있어요. 하지만 아이가 정말 원하면 아주 위험하거나 남에게 해를 끼치는 게 아닌 한, 한두 번 정도는 직접 경험해 보게 하는 것도 나쁘지 않아요. 대신 어느 정도 제한을 두고 계획을 세운 다음 하도록 하는 편이 좋죠.

예를 들면 이런 거예요. 방학이 되면 염색을 시켜달라고 하는 아이들이 많아요. 그럼 저는 한 번은 시켜주라고 해요. 단, 개학 전에는 꼭 다시 까만색으로 염색을 해야 한다는 전제 조건을 달라고 하죠. 염색을 자주 하면 머리카락이 엄청 상한다는 것도 말해 주고요. 아이들도 학교에서는 염색이 금지라는 사실을 알기 때문에 부모의 말에 쉽게 수긍해요.

사춘기 아이를 키울 때는 별것 아닌 일은 눈감아 주는 게 좋아요. 그래야 더 중요한 것을 이야기할 수 있기 때문이죠. 사소한 것까지 모두 통제하려 하면 관계까지 틀어져 버려서 정작 중요한 얘기를 할 수가 없거든요. 억지로 앉혀 놓아봤자 아이는 이미 부모의 통제에 지쳐 있기 때문에 속으로 '아, 시끄러, 듣기 싫어 죽겠네.' 하며 귀도 마음도 닫아버리죠. 반대로 중요한 것을 먼저 얘기하면 그 아래 사소한 문제들은 덩달아 해결되는 경우가 많아요.

사람의 뇌신경 회로에는 재미있는 특성이 있어요. 어릴 때는 정교한 손놀림이 힘들었던 아이도 손을 자주 사용하게 되면 그와 관련된 신경 회로가 연결되고, 곁가지가 많이 생겨요. 그러면서 손으로 할 수 있는 여러 기능이 조금씩 좋아지지요. 그런데 거기서 좀 더 분화된 방식으로 다양한 기능이 가능해지려면 꼭 필요한 기둥만 남기고 불필요한 곁가지들이 없어져야 해요. 그렇게 곁가지가 없어지고 신경 회로가 굵어지면 정교한 기능들이 가능해지는 동시에 정보 처리의 지름길이 생기죠. 그런데 이 지름길엔 꼭 좋은 길만 있는 건 아니에요.

　어릴 때부터 "엄마, 아빠는 너를 믿어. 의젓한 내 아들." 하고 아이를 늘 격려해 왔다면, 아이의 머릿속에는 '내 아들'이라는 단어만 들어도 '부모님이 나를 격려하고 믿어주시는구나.' 하는 해석의 지름길이 생겨요. 반대로, 매일 아이에게 잔소리를 해대는 부모의 말은 부정적인 해석의 지름길을 만들지요. 항상 잔소리를 시작하는 말인 "야!" 소리만 들어도 대번 아이는 기분이 나빠지는 거예요. 그다음 내용은 듣지도 않고 "아, 왜요?"가 되어버리는 거죠. 이건 성인이 되어서도 문제가 될 수 있어요. 사춘기 아이들이 사회생활을 하게 될 때 부모님의 잔소리와 같은 불편한 상황을 만나면 곧장 그 잔소리 지름길을 타버리는 거예요. 부모님에게 했던 그대로 반응하는 거죠. 직장 상사가 "야, 김 대리!" 하고 부르기만 해도 속으로 '에잇, 왜 또 부르고 난리야?' 하며 거부 반응부터 보이는 거예요.

　평소 잔소리를 많이 해왔다면 이미 내 아이의 머릿속에 잔소리를 받아들이는 나쁜 지름길이 형성되어 있다고 생각해도 크게 틀리진 않을 거예요. 그렇다면 지금부터라도 잔소리를 안 하려고 노력하면 돼요. 그 길로 안 가면 되는 거죠. 잔소리는 효과적이지도 않거니와 오히려 문제를 악화시키고 다른 사람과의 상호작용에까지 악영향을 미치는 경우가 많으니까요.

하지만 몇 년 동안 내내 습관처럼 해왔던 잔소리를 한순간에 뚝 끊기는 어려울 거예요. 일상생활 속에서 몸에 밴 습관은 쉽게 바뀌지 않으니까요. 머릿속 생각만으로는 더더욱 힘들죠. 대개 생각보다 행동이 먼저 나오기 때문이에요. 그래서 아무리 '바꿔야지. 하지 말아야지.' 생각을 해도 비슷한 상황이 되면 이전과 똑같이 행동하고 있는 나를 발견하게 되는 경우가 많은 거죠. 그래서 행동을 먼저 바꾸려고 노력하는 편이 좋아요.

방법은 간단해요. 늘 하던 방식의 반대로 하면 돼요. 예를 들어, 아이한테 늘 "야!" 하고 소리치면서 잔소리를 시작했다면 모든 말을 속삭이듯 시작하는 거죠. 나도 모르게 잔소리가 튀어나오려 하면 몸을 홱 돌려 화장실로 가세요. 그 자리를 피하는 게 그 순간에 할 수 있는 최고의 방법이거든요. 잔소리를 할 때마다 아이 방으로 쫓아 들어갔다면, 앞으로는 잔소리가 나오려고 하면 아이의 방 반대 방향으로 가세요. 어떤 행동을 정말 고치고자 한다면 반복되는 행동에 반대되는 완전히 새로운 형태의 행동을 해야 해요. 만약 아이가 말을 할 때마다 내가 쉽게 흥분해서 소리를 지르는 것 같다면 아이에게 솔직하게 부탁하세요. "아무래도 엄마가 소리를 지르니까 너한테 오히려 더 안 좋은 것 같아. 그래서 정말 안 하고 싶은데, 쉽지가 않네. 네가 좀 도와 줄래?" 하고요. 아이가 하는 말의 내용보다 말을 하는 태도 때문에 항상 화가 났다면 할 말이 있을 때 문자 메시지나 편지로 해달라고 하는 것도 방법이에요. 아이가 "엄마는 꼭 내가 기분이 나쁠 때 뭘 해달라고 하더라?" 하면 "그럼 어떻게 하는 게 좋을까?" 하고 물어보세요. 그리고 둘만의 사인을 만드세요. '지금은 기분이 나쁘니까 말 걸지 말고 좀 기다려주세요.'라는 뜻의 사인을 만들어 그걸 아이가 보내오면 엄마는 기다려주는 거죠. 평소 이런 식의 약속을 해놓으면 갈등이 확실히 줄어요.

아무리 자식이어도 내 아이는 내가 아니에요. 나와는 다른 하나의 독립적인 인격체라는 걸 인정해 줘야 해요. 감정이 생겨나는 속도도, 감정 처리 방법도, 세상을 살아가는 방식도 다를 수 있어요. 이것을 인정하지 않고 내 방식을 강요하게 되면, 잔소리를 하게 돼요. 그리고 그런 강요의 이면에는 불안이 있어요. 아이가 '지금 당장' 뭔가를 하지 않으면 불안해지기 때문에 곧장 행동의 결과를 보고 싶어 하는 거죠. 불안하고 마음이 불편하면 짜증이 나니까 말이 곱게 나오지 않는 거고요. 아이에게 하는 잔소리를 없애려면 먼저 자기 자신을 들여다보세요. 내 마음이 뭘 그렇게 불안해하고 있는지, 아이에게 하는 모든 것들이 과연 정말 아이를 위한 것인지 생각해 보세요. 그리고 행동을 바꾸세요. 그러면 생각이 자연스레 따라 바뀌기도 한답니다.

부모의 권위를 따지기 전에
부모의 역할을 다하세요

　요즘 부모님들, 부모의 권위가 서지 않는다는 말을 많이 하세요. 부모 말에 고분고분 대답하지도 않거니와 부모에게 욕을 하고 폭력을 행사하는 아이들까지 있으니까요. 그런데 저는 자신의 권위를 걱정하는 부모들에게 먼저 본인의 말과 행동에 대해 생각해 보라고 이야기하고 싶어요. 권위를 인정받으려면 아이를 무조건 굴복시키려 하지 말고 한 인간으로서 존중해 줘야 해요. 지시만 할 것이 아니라 윗사람으로서 아이를 책임지고 보호해 줘야 한다는 뜻이죠.

　아이에게 "10시까지 들어와. 전화 꼭 하고. 엄마 걱정하잖아." 했는데 아이가 약속한 시간에 들어오지 않았어요. 그러더니 한

참 지나 차가 끊겼다며 아이로부터 전화가 왔어요. 그럴 때 화가 나서 "네 마음대로 하다가 늦었으니까 네가 알아서 와." 하고 아이를 내버려 두면 안 돼요. 위험하니까 데리러 가야죠. 혼을 낼 땐 내더라도 일단은 확실히 책임져 주고 보호해 주는 게 좋아요. 그래야 권위가 서요.

다른 예를 들어볼까요? 권위를 인정해 주지 않으면 큰일이 나는 게 바로 의료계예요. 의사들은 사실 인턴으로 근무하는 시기 동안은 의사로서 할 수 있는 게 아무것도 없어요. 그런데 수많은 환자들이 오가는 응급실 근무는 해야 하죠. 응급실 근무를 하다 보면 긴박한 상황에서 인턴들이 종종 의료 행위를 할 때가 있어요. 그때 선배가 "너 할 줄은 알아?" 하고 묻죠. 그럴 때 솔직히 "아니요, 한 번도 안 해봤는데요." 하면 곧바로 "너 빠져." 하는 말이 돌아와요. 그때 기분이 상해선 안 돼요. 자존심이 상한다고 할 줄도 모르면서 얼렁뚱땅 하다가는 정말 큰 의료사고로 이어질 수 있거든요. 자신의 위치를 빨리 인정할 줄도 알아야 한다는 거예요. 그건 생명을 살리기 위한 최선의 방법을 택한 것이지 나를 기분 나쁘게 하려는 목적이 있었던 행위가 아니었으니까요. 대신 진정한 의사로서의 권위를 인정받을 수 있도록 선배에게서 배우고 노력하면 되는 거죠. 남의 권위를 인정해 주는 게 꼭 내 자존심과 권위를 포기하겠다는 의미는 아니라는 걸 알아야 한다는 거예요.

아이들도 마찬가지예요. 아이가 지금 나는 부모와 싸우는 것이 아니라 이다음에 내가 독립적으로 살아갈 수 있는 방법을 부모로부터 배우고 힘을 키우는 것이라고 생각하면 부모의 권위를 인정하게 돼요. 부모가 말할 때마다 아이가 기분 나빠 하며 반항한다는 것은, 양육 과정을 자신의 독립과 성장을 위한 것으로 생각하지 않는다는 거거든요. 선생님과의 관계에서도 마찬가지예요. 아무리 지키고 싶지 않은 학교의 규칙이라도 그것을 지키고 받아들이는 과정을 통해 사회 체계에 대한 순응을 배워 나가는 것임을 알면 아이는 반항만을 일삼지 않게 되지요.

아이에게 이야기할 때 무조건 복종하라는 식으로 말하면 사춘기 아이는 반항하게 되어 있어요. 사춘기는 독립된 인간으로 살아가기 위한 연습 과정이기 때문이죠. 무슨 말에든 "네, 네."만 하는 아이는 독립적으로 살아가기 힘들어요. 때로는 "왜요?" 하는 생각도 할 수 있어야 하죠.

가슴에 손을 얹고 한번 생각해 보세요. 나는 정말 아이를 가르쳐주고 보호해 주어야 할 대상으로 바라보고 있는가, 혹시 무조건 내 말에 복종해야 하는 졸병 정도로 생각하고 있는 건 아닌가 하고요. 아이를 정말 아이로 본다면 아이가 아무리 나에게 덤빈다 해도 그렇게 화가 나지 않아요. '네가 뛰어봤자 벼룩이지.' 하는 심정으로 여유롭게 대하게 돼요. 반면 아이를 나와 같은 수준으로 보면 '이 어린 놈이 지금 나한테 덤비는 거야?' 하는 마음이 되지요. 아이의 말이나 행동에 참을 수 없이 화가 난다는 것은 아이와 나 자신을 같은 수준으로 보고 있다는 뜻이에요. 아이는 하룻강아지고 나는 범인데 뭐 그렇게 열이 나겠어요? 하지만 어른이 범의 위치가 아니라 똑같이 하룻강아지의 위치로 내려와 자신을 그와 동일시한다면 당연히 권위를 기대할 수 없는 거죠.

부모가 감정적으로 무너지는 경우도 아이들에게 권위를 인정받기 어려워요. 집이 싫다는 아이들 중에 부모가 감정적으로 무너진 모습을 본 경우가 의외로 많아요. 결정적인 순간에 부모가 가슴을 쥐어뜯고 울고불고하며 감정 조절을 못하는 경우 아이들은 굉장히 충격을 받아요. 부모의 나약한 모습, 무너지는 모습을 보면 아이는 화가 나는 동시에 죄책감을 느끼거든요. 부모를 힘들게 하고 저렇게 만든 자신을 나쁜 인간으로 받아들이는 거죠. 부모님이 적당히만 했으면 욕까지는 안 했을 텐데 왜 나를 궁지에 몰아붙여서 이런 행동까지 하게 만들었나 원망하는 마음이 들고요.

그렇게 부모가 한번 극단적인 모습을 보이고 나면 자식 앞에서 권위를 잃게 돼요. 권위가 실추되는 순간 아이는 부모를 만만하게 보기 시작하고요. 그래서 아이와 부딪쳤을 때 절대 감정적인 선은 넘지 않도록 해야 해요. 진솔한 의사소통을 하되 감정적으로 무너져선 안 된다는 뜻이에요. 부모라고 살아가면서 언제나 꿋꿋하기만 할 순 없지만 그래도 최악의 모습만은 남겨두세요. 성인이 되기 전까지는 아무리 자기가 다 컸다고 생각해도 아이는 부모에게 의지하고 싶은 마음이 있어요. 그런데 부모가 무너지는 모습을 보면 아이는 기대고 있던 큰 나무의 밑동이 흔들리는 것 같은 느낌을 받아요. '이젠 내가 아무리 힘들어도 부모님에게 더 이상 도움을 요청할 수 없겠구나.' 하는 생각이 들면서 아직 심리적으로 독립할 준비가 안 된 아이들의 마음에 커다란 구멍이 뚫리는 거지요.

아이를 숨 막히게 하는
일곱 가지 부모 유형

　사춘기 아이를 숨 막히게 하는 첫 번째 부모는 아이를 무서워하는 부모예요. 아이가 어릴 때 조금이라도 울면 큰일 나는 줄 아는 부모들이 이 유형에 속해요. 어떻게든 아이를 울리지 않으려고 전전긍긍하죠. 아이에게 사춘기가 찾아오면 그 시기 아이들은 대개 공격적이고 극단적이라는 생각에 아이가 부모에게 함부로 굴까 봐 두려워하고요. 내가 잘못해서 아이가 가출을 해버리거나 더 심한 문제 상황이 생기지 않을까 불안, 초조해하기도 하죠. 그래서 아이에게 할 말을 제대로 못해요. 아이와의 갈등 상황을 직면하지 못하고 쩔쩔매죠. 이런 부모는 자식한테만 그런 게 아니에요. 다른 사람에게도 자신의 생각과 의견을 단호하고 분명하게 말하지 못하고 쩔쩔매는 경우가 많아요. 무서운 부모도 아이한테 좋진 않지만 부모가 자식을 무서워하는 경우도 아이 교육에는 득이 되지 않아요.

두 번째 유형은 도덕적인 지침을 주지 못하는 부모예요. 부모가 너무 뻔뻔해서 학교에서 아이가 친구를 때렸다는 전화를 받아도 "애가 그럴 수도 있죠." 해요. 아래층에서 시끄럽다고 이웃이 올라오면 죄송하다고 말하는 게 상식적인 반응이잖아요? 그런데 "그럼 어떡해, 날아다닐까? 당신은 집에서 날아다니나 보지?" 하는 식인 거예요. 이런 부모의 모습을 보고 자란 아이들은 사회생활의 기본적인 틀을 제대로 배우지 못해요. 어떤 상황에서도 큰소리치고 무조건 버티면 된다고 생각하죠. 그리고 이런 경우는 엄마보다는 아빠 쪽이 많아요. 아빠들 중에는 "미안합니다." "고맙습니다."를 안 하는 사람들이 더러 있어요. 늘 자기만 옳죠. 예를 들어 아내가 주말 아침 맛있게 토스트를 구워 먹으려고 토스트기를 사왔는데 아무리 해도 작동이 잘 안 돼요. 그러면 "어, 왜 안 되지? 내가 뭐 잘못 하고 있는 건가?" 하는 게 아니라 "아, 왜 고장 난 걸 사갖고 왔어?" 하는 거예요. 옆에서 지켜보던 아이가 "거기 옆에 버튼을 눌러야지요, 아빠." 하면 "에잇, 왜 이딴 걸 사가지고 와서 사람을 귀찮게 해?" 하는 어이

없는 아빠가 우리 주변에는 의외로 많아요. 아이들은 그런 아빠의 모습을 알게 모르게 다 보고 배워요. 본인의 문제에 대해서는 항상 '그럴 수도 있지.' 하는 식으로 허용적이고, '아빠가 그러니까 내가 이러잖아.' 하는 식으로 남에게 그 잘못과 이유를 전가하는 아이가 되는 거예요. 좀처럼 자기 문제를 자기 것으로 인식하지 않는 뻔뻔한 사람이 되는 거죠.

세 번째는 불안해하는 부모예요. 불안이 높은 사람은 언제나 안절부절못해요. 그래서 자기는 물론 타인까지 힘들게 하죠. 게다가 일단 한번 불안한 마음이 들면 불안을 없애기 위해 철저히 나에게만 몰두하는 경향이 있어요. 자기가 불안하면 주변의 아무것도 안 보이는 거죠. 이런 부모는 아이가 좀 걱정된다 싶으면 거기서 비롯된 불안을 없애기 위해 내가 생각하는 방식으로 아이가 움직여 주길 바라요. 그래서 끊임없이 잔소리를 하고 아이를 통제하려 들죠. 그런데 어디 다 큰 아이가 그 통제권 아래 가만히 들어오려 하나요? 그러다 보니 만날 아이에게 화를 내고 싸우게 되죠. 이런 부모에게 저는 "부모로서 아이를 걱정하시는 마음은 충분히 이해해요. 아이도 달라져야 하는 부분은 분명히 있죠. 그런데 엄마가 그렇게 아이를 닦달하는 건 정말 아이를 위한 건가요, 아니면 본인이 편해지기 위해선가요?" 하고 물어요.

네 번째는 감정 조절이 안 되는 부모예요. 분노 조절을 못해서 쉽게 욱하거나 감정 기복이 심한 부모도 아이를 힘들게 하는 대표적인 유형에 속해요. 대부분 이런 사람들은 감정이 아주 쉽게 극대화되는 경향이 있어요. 작은 것에서 시작된 짜증이 어느 순간 증폭되면서 나중에는 자기도 모르게 화를 버럭버럭 내고 있는 거예요. "너 연필도 안 깎아놓고 뭐 하고 있어? 나는 정말 네가 뭘 제대로 하는 걸 한 번도 본 적이 없다."로 시작해서 전쟁에 나가는 사람이 총을 안 들고 가서 되겠느냐, 네가 언제 내 말을 고분고분 들어준 적이 있느냐, 하다가 결국 내가 죽어야 이 꼴을 안 보지로 끝이 나는 거죠. 정말 있는 말 없는 말 다 하는 거예요. 부모가 이러면 아이는 정말 황당하기 그지없는 거죠. 아이는 '나는 연필 하나 안 깎아둔 것뿐인데 대체 이 상황은 뭐지?' 하는 생각이 들 거예요. 이런 사람들은 한번 감정이 증폭되고 나면 쏟아내지 않고는 못 견뎌요. 그리고 그때 그 감정 표현 양상은 아주 극단적인 경우가 많죠. 그래서 이런 사람은 반드시 치료를 받아야 해요.

다섯 번째는 밖에서 보내는 시간이 많은 부모예요. 업무 강도가 높아서 바쁜 부모라면 물론 어쩔 수 없겠죠. 하지만 가만 보면 밖에서 업무 외적인 일로 더 바쁜 부모들이 있어요. 업무의

연장이라고 포장하면서요. 특히 아빠들이 그런 경우가 많죠. 오늘은 사장한테 혼난 동료 직원을 위로해 줘야 한다, 내일은 선거 개표 방송을 모두 함께 모여 봐야 한다, 중요한 축구 시합이 있다 등등 집에 들어오지 않는 이유도 아주 다양해요. 이런 유형 부모들의 마음을 잘 들여다보면 삶의 중심에 아이가 빠져 있는 경우가 많아요. 회사 다니며 일도 하고 아이도 돌보는 게 힘든 건 알지만 어느 정도 적당한 시간과 노력의 배분은 스스로 할 수 있어야 해요. 그걸 못하고 있다면 아이 부모로서 반성해야 하고요. 아이에게 뭔가를 요구하기 전에 그만큼의 사랑과 관심을 보여 주세요. 그래야 아이도 부모의 말을 듣고 싶은 마음이 생기는 거예요.

여섯 번째는 무능력한 부모예요. 여기서 '무능'이란 경제적인 능력이 떨어진다는 의미가 아니에요. 최선을 다해 아이를 돌보고 가르치고자 하는 부모로서의 마음가짐이 부족하다는 뜻이죠. 아이들도 최소한 자기 삶에는 최선을 다하는 부모님의 모습을 기대하거든요. 아이와 대화할 시간은 없어도 새벽에 일찍 나가 밤늦게까지 열심히 일하는 부모는 적어도 아이들에게 직접적인 나쁜 영향은 안 줘요. 아이와 함께하는 시간이 많지 않다 보니 쓸데없이 잔소리할 시간도, 아이와 갈등을 겪을 시간도 없기 때문이죠. 그리고 아이도 조금 크면 그런 부모님을 오히려 안 쓰러워하고 고마워해요. 아이의 인생에 대한 영향력은 상대적으로 적겠지만 이런 부모는 적어도 아이의 인생관에는 긍정적인 영향을 줄 수 있는 거죠.

마지막 일곱 번째 유형은 뻔뻔하게 우기는 부모 유형이에요. 만날 자기 말만 옳다고 우기는 부모 밑에서 자라는 아이는 항상 자기가 틀리다고 생각하게 돼요. 그러다 보면 자기 자신에 대한 확신이 생기지 않죠. 항상 틀렸다는 말을 듣고 자랐기 때문에 거기서 생긴 박탈감과 억울함, 분노가 커서 누군가 자기 의견에 반대하기만 하면 이상하게 화가 나고 억울해져요. 그래서 아이도 부모가 한 것과 똑같이 우기기 시작하죠. 그러면서도 확신은 없어요. 그냥 무조건 그러고 보는 거예요. 무조건 자기만 옳다 우기고 자기 잘못은 절대 인정하지 않는 뻔뻔한 부모는 아이가 제대로 된 자아상을 만들어가는 데 부정적인 영향을 끼쳐요.

그러니까 사춘기 아이와 끊임없이 갈등이 발생한다면 내가 저 일곱 유형의 부모에 속하지는 않는지, 내 안에 문제를 잘 성찰해 볼 필요가 있어요.

얘기 좀 하자고 하면 "왜요?"라며 경계하고
무슨 말만 꺼내도 시큰둥한 반응이니
답답한 마음에 호통부터 치게 되는데…

그래도 절대 아이의 기를
죽이지 마세요

내 아이의 자존심,
내 아이의 자존감

사춘기 아이들은 일단 자존심을 세워줘야 해요. "네가 뭘 안다고 나서니?" "시끄러워. 조용히 네 할 일이나 해." 하고 면박을 주거나 여러 사람 앞에서 야단을 쳐서 공개적으로 아이의 체면을 구기는 일은 하지 마세요. 이 시기의 아이들은 타인의 시선에 아주 민감하거든요. 사회성이 발달해 가는 시기이기 때문에 '타인 속에서의 나'를 훨씬 더 신경 쓰고 그 안에서의 의미를 중요하게 생각하죠. 그래서 어릴 때는 사람들이 있든 없든 코를 후벼대던 아이들도 사춘기가 되면 안 그래요. 그렇게 씻고 나가라 해도 말을 듣지 않던 아이가 사춘기가 되면 끼니는 걸러도 머리는 감고 나가려 하죠. 이런 아이에게 다른 사람 앞에서 공개적으로 창피를 주거나 망신을 주면 아이는 보란 듯이 엇나가요. 심한 경우 집을 나가거나 학교를 그만두거나 문제 행동을 일으키기도 하고요. 고등학교를 다니던 한 아이가 얼마 전에 자퇴를 했는데, 그 이유가 뭐였는지 아세요? 담임 선생님이 반편성고사 성적순으로 이름을 부르면서 자리를 배정해 줬던 것 때문이었어요. 이 아이의 이름이 맨 마지막에 불렸던 거죠. 우리가 보기엔 아무것도 아닌 일이 이 아이에게는 인생을 뒤바꿀 만큼 큰 상처였던 거예요.

사춘기 아이들은 이렇게 자존심에 민감해요. 자존심 문제로 쉽게 상처를 받는 아이들은 대부분 자존감이 낮은 경우가 많고요. 그렇다면 자존감은 무엇일까요? 자존감은 자신감과 어떻게 다른 걸까요? 자신감은 어떤 상황에 닥쳤을 때 '내가 이것을 해낼 수 있을 것 같다'는 내 능력에 대한 나의 가치 기준을 말해요. 예를 들어 장기 자랑 시간에 누군가 춤을 춰보라고 했을 때 "전 춤에는 별로 자신이 없어요. 이런 거 안 하면 안 돼요?" 한다면 그건 자신감의 문제예요. 그런데 "춤은 못 추지만 노래는 좀 하니까 노래할게요."라고 대답할 수 있는 것, 춤은 잘 추지 못해도 자신을 부족한 사람이라고 생각하지 않는 것, 그게 바로 자존감이에요. 자존심, 자존감, 자신감 중 사람이 인생을 살아가는 데 가장 중요하고 필요한 것이 바로 자존감이죠. 자존감은 자신의 모습을 제대로 알고 있는 그대로 받아들이는 데서 생기거든요. 내가 잘하는 것과 못하는 것, 나의 강점과 약점을 잘 파악하고 있어야 자존감이 높다고 할 수 있어요. 그렇기 때문에 자존감이 높은 아이는 어떤 상황, 어떤 사람 앞에서도 쉽게 위축되지 않아요. 자존감이 있으면 스스로 자신 없는 일에 대해서도 '자신 있게' 인정할 수 있는 거죠. 사춘기는 무엇보다 이 자존감을 갖춰 나가야 하는 중요한 시기예요.

그렇다면 어떻게 해야 아이의 자존감을 높여 줄 수 있을까요? 자존감이 제대로 형성되려면 어릴 때의 성장 배경이 굉장히 중요해요. 성취나 결과만을 강조하는 게 아니라 아이의 생각과 요구에 민감하게 반응해 주는 게 좋아요. 만약 어릴 때 그걸 제대로 하지 못했다 해도 늦지 않았어요. 지금이라도 아이를 진심으로 존중해 주세요. 부모는 늘 자신이 살면서 후회스러웠던 일을 아이가 똑같이 겪지 않았으면 하는 마음에 아이를 혼내고 야단치죠. 아이가 "저는 그렇게 생각 안 하는데요." 하면 "그렇게 생각하지 않는 이유가 있니?" 하고 이성적으로 되묻는 게 아니라 역정을 내요. 아이의 생각을 들어보지도 않고 본인의 생각만 강요하는 거지요. 그리고 그건 아이에 대한 존중이 부족한 데서 나타나는 현상이에요.

자존감이 떨어지거나 자아상, 자기 개념, 가치관 형성 등에 문제가 생기면 아이는 동기 자체를 잃어요. 동기를 잃는다는 건 자동차에 연료가 떨어지는 것과도 같아요. 동력을 잃은 아이는 뭔가를 해보겠다는 마음 자체가 생기지 않겠죠. "어차피 잘하지도 못할 텐데 뭐." 하는 생각을 하게 되고 끊임없는 회의에 빠져들어요.

아이가 사춘기가 되면 대학 입시가 코앞이라는 생각에 부모님들 마음이 조급해져요. 존중이고 뭐고 일단 성적부터 올려놓고 보자는 식이 되지요. 하지만 그러는 사이 아이의 자존감은 회복이 어려울 정도로 떨어져요. 그 상태의 아이가 훗날 사회에 진출했을 때, 과연 무난한 사회생활을 할 수 있을까요? 나아가 자신의 삶을 행복하게 꾸려 나갈 수 있을까요? 아이의 잃어버린 자존감은 부모가 아이를 진심으로 존중해 줄 때 회복된다는 사실을 기억하세요.

비판을 자제하세요. 아이들에게는
다 비난으로 들려요

비판과 비난의 정확한 사전적 의미를 아시나요? 비판은 '사물의 옳고 그름을 판단하여 밝히거나 잘못된 점을 지적함'이라는 뜻이에요. 한마디로 이성적으로 '판단'하고 '잘못된 점'을 '고쳐주기 위한' 행위인 거죠. 반면 비난은 '남의 잘못이나 결점을 책잡아서 나쁘게 말함'이라는 뜻으로, 중립적이고 이성적인 판단을 기준으로 하기보다 사적이고 감정적인 의도를 가지고 말하는 쪽에 가까워요. 그런데 아이들은 이렇게 완전히 다른 의미와 의도를 가진 비판과 비난을 잘 구별하지 못하는 경우가 많아요.

13세 이전의 아이들에게는 비판이 아무 소용 없어요. 비판을 받아들일 만큼 뇌가 발달하지 않았기 때문이죠. 하지만 그 시기를 넘긴 아이라면 비판을 있는 그대로 받아들일 수 있어야 해요. 그런데 우리나라의 아이들은 순응의 문화가 깊게 자리 잡고 있기 때문인지 타인의 비판에 유난히 민감하게 반응하는 것 같아요. 중고등학생들도 자신에게 꼭 필요한 비판조차 잘 받아들이지 못하거든요. 심지어 어른들도 누군가 자신을 비판한다 싶으면 대뜸 화부터 내는 경우가 많지요.

외국에서는 선생님이 지각하는 학생들에게 "너 계속 이렇게 지각하다가는 학교에 아예 못 다니게 될 수도 있어."라고 얘기하면 아이는 그 내용 있는 그대로 이해해요. '아, 지각을 더 했다가는 학교에 못 다니게 될 수도 있겠구나. 앞으로 조심해야겠다.'라고 말이죠. 그런데 우리나라 학생들은 '에잇, 자기는 뭐 지각 안 하나? 잘난 것도 하나 없는 게 이래라 저래라야.' 하며 감정적으로 반응하는 거예요. 누가 "이런 게 문제야."라고 말하면 '아, 그런 문제점이 있겠네. 고쳐봐야겠다.' 하고 긍정적으로 생각하는 게 아니라 그냥 무조건 기분 나빠 하는 거죠.

이렇게 비판이 안 먹히는 이유는 신뢰가 없기 때문이에요. 이 사람이 나를 기분 나쁘게 하려고 하는 말이 아니라 나의 발전을 위해 해주는 말이라고 생각할 만한 믿음이 부족한 거죠. 그런데 우리 부모님들은 이런 신뢰가 쌓이기도 전에 비판부터 하는 경우가 많아요. 그것도 아주 극단적인 비난을 섞어서 말이죠. 그러니까 점점 악순환이 되는 거예요.

'몸에 좋은 약은 먹기에 쓰다'는 속담처럼 아무리 아이를 위한 것이라 해도 비판하는 말은 듣기에 불편할 수 있어요. 그렇기 때문에 일단 그런 말을 하기 전에는 아이와 나 사이에 충분한 신뢰가 쌓여 있는지 점검해 본 다음, 가능한 이성적이고 냉정하게, 하지만 신랄하지 않게 하는 게 중요해요. 긍정적인 비판이었는데 표현 방법이 너무 신랄하면 아이는 그것을 비난으로 받아들여 자존감까지 무너질 수 있거든요.

사춘기 아이에게는 먼저 아이를 인정하고 공감하는 말을 충분히 해준 다음 지적과 훈계는 요점만 간단히 해주는 게 좋아요. "너 그렇게 공부 안 하다간 거지처럼 살게 된다." 식의 극단적인 말은 오히려 부작용만 낳아요. 아무리 마음의 준비가 되어 있는 아이라도 극단적인 말을 들으면 일단 기분이 나빠져서 비판을 비난과 독설로 받아들이기 쉽거든요. 그러니까 너무 멀리 가지 마세요. 일단 지금 이 순간의 잘못만 짧게 말해 주고 끝내세요. "지금 너의 그런 행동은 앞으로 문제가 될 수 있어." 정도가 적당해요. 전지전능한 신처럼 먼 미래의 일까지 모든 것을 다 아는 척 예견하는 건 금물이에요. 한 가지 더 주의할 것은 비판을 할 때는 감정 조절을 잘해야 한다는 거예요. 비판적인 말에 부정적인 감정 표현이 섞이는 순간 아무리 긍정적인 비판이라도 비난이 되어버리거든요. 그러니까 비판을 하기 전에 나의 감정 상태를 먼저 점검해 볼 필요가 있어요. 만약 감정적으로 흥분할 것 같다면 차라리 나중으로 미루세요.

저는 요즘 유행하는 오디션 프로그램을 별로 안 좋아해요. 지나치게 경쟁적이라고 느끼기 때문이죠. '쉬면서 재미있게 봐야 하는 TV 프로그램까지 꼭 저래야 할까?' 하는 생각이 드는 거예요. 그런데 오디션 프로그램의 이것만큼은 긍정적으로 생각해요. 그건 바로 공개적으로 비판이나 평가를 한다는 거예요. "이런 점은 문제가 있다." "이번 무대는 실망이다. 지난번에 지적했던 부분이 나아지지 않았다."라고 공개적으로 말하잖아요? 그리고 그걸 듣는 사람도 고개를 끄덕이며 순순히 수긍해요. 심지어 떨어져도 "정말 좋은 기회였고 감사했습니다." 하고 담담하게 말하고요. 심사에 담긴 비판적인 내용을 객관적이고 이성적으로 받아들이는 건 참 좋은 모습이라고 생각해요. 그걸 보면서 부모는 비판하는 자세를, 아이는 비판을 받아들이는 마음가짐을 배울 수도 있겠다는 생각이 들더라고요.

하지만 사춘기 아이들은 대화하는 걸 무척 싫어해요. 얘기 좀 하자고 하면 금세 우거지상이 돼서 "왜요?" 하죠. 아이들의 이런 거부 반응은 대체 어디서 나오는 걸까요? 그건 아이들의 입장에서 볼 때, 어른들과 하는 대화는 서로 동등한 위치에 있는 두 사람이 나누는 이야기가 아니기 때문이에요. 부모들은 "대화 좀 하자." 해놓고 일방적으로 자기 말만 쏟아놓는 경우가 많기 때문에 아이들에게 얘기 좀 하자는 건 곧 야단맞는 것, 훈계 듣는 것이 되어 거부감이 생기는 거죠. 대화를 하자고 했으면 일단 아이의 이야기를 들을 준비가 되어 있어야 해요. 서로 이야기를 주고받을 수 있어야 하는 거죠. 비판과 훈계를 하기 전에 아이의 이야기를 듣고, 마음을 읽고, 공감해 주세요.

때리지 마세요.
단 한 대도요

인간은 태어날 때부터 그저 선하기만 한 건 아니에요. 선하고 착하기만 했다면 다른 동물들에게 쉽게 잡아먹히거나 굶어 죽었겠죠. 그래서 인간의 유전자 코드 안에는 맹수의 공격을 물리치고 자신의 생존을 유지하기 위한 공격성이 잠재되어 있어요. 어느 순간 굉장히 공격적이고 폭력적으로 돌변할 수 있죠. 다만 학습을 통해 공격성을 조절하고 다듬어온 것뿐이에요. 아이도 마찬가지예요. 말을 좀 듣게 하려고 부모가 처음 매를 들었을 때는 곧바로 효과가 나타나요. 한동안은 말을 잘 듣는 것 같죠. 하지만 어느 정도 시간이 지나면 아이는 다시 말을 안 듣게 되고, 부모는 지난 경험을 떠올려요. 처음 극적인 효과를 보았던 매를 다시 드는 거죠. 그때의 효과를 기대하며 한 번, 두 번 아이를 때리는 횟수와 빈도가 점점 늘어나고 강도는 점점 강해져요. 하지만 그러다 보면 어느 순간부터 아이도 그냥 맞고만 있지 않아요. 아이 역시 자신을 보호하기 위한 생존 본능으로서의 공격성이 내재되어 있으니까요.

아이가 할 일을 다 안 하고 놀고 있으면 공부하라고 항상 소리를 지르는 엄마가 있었어요. 엄마가 소리를 지르면 아이는 입을 딱 다문 채 하던 일을 멈추고 공부를 했지요. 그래서 엄마는 효과가 있나 보다 하는 생각에 계속 소리를 질렀어요. 그런데 언제부턴가 엄마가 아무리 소리를 질러도 아이는 공부를 하지 않았어요. 엄마는 목소리를 좀 더 키웠지요. 그러니까 아이가 좀 말을 듣는 것 같았는데 어느 순간이 되자 다시 원점이었어요. 엄마는 안 되겠다 싶어서 틀린 개수대로 아이를 때리기 시작했어요. 아이는 맞기 싫어서 공부를 열심히 했고 성적이 좋아졌지요. 그런데 어느 날부턴가 성적이 조금씩 떨어지기 시작하는 거예요. 생각다 못한 엄마는 아이가 자는 시간을 줄여 버렸어요. 공부하는 시간이 늘어서인지 아이의 성적이 또 어느 정도 올랐어요. 그런데 이후로는 더 이상의 변화가 없는 거예요. 그다음부터 엄마는 공부하는 아이가 졸 때마다 페트병으로 머리를 때리고, 얼굴에 물을 뿌리고, 심지어는 야구방망이로 아이를 때리기 시작했어요. 아이는 엄마의 폭력을 고스란히 견디다 결국 참지 못하고 엄마를 살해하고 말았어요. 자신을 지키고자 하는 공격적인 본능이 깨어났던 거죠. 가장 편안해야 할 집에서, 그것도 자신을 낳아준 엄마로부터 매일같이 학대를 당한 아이의 마음은 어땠을까요? 가끔 이런 학대를 사랑이고, 가르침이라고 착각하는 부모들이 있어요. 그 대표적인 예가 체벌이지요. 때리는 부모는 아이를 체벌하는 강도가 어느 순간부터 한도를 넘어서고 있다는 사실을 자각하지 못해요. 인간은 본능적으로 상대에게 어떤 힘을 행사할 때 굉장한 자기 충족감을 느끼기 때문이죠. 그 충족감에 취해 사랑하는 아이를 학대하고 있다는 사실을 인지하지 못하는 거예요.

아무것도 모르는 어린아이가 물건을 던져요. 아이는 자신에게 물건을 던질 수 있는 힘이 생겼다는 것에 굉장한 만족감을 느껴요. 사람들이 그 모습에 깜짝 놀라면 더 뿌듯해하지요. 어린아이든 어른이든 인간은 자기가 세상을 향해 어떤 힘을 행사했을 때 벌어지는 결과를 눈으로 확인하는 순간 엄청난 충족감을 느끼거든요. 하지만 이것은 자기 보호를 위한 순수하고 긍정적인 의미의 공격성이 아니라 폭력에 지나지 않아요. 가정교육이라는 이름으로 포장된 폭력 역시 그 자체로 중독성이 있고, 거기서 생겨나는 폐해는 이루 말할 수가 없어요. 그렇기 때문에 아이는 절대, 단 한 대도 때려선 안 되는 거예요. 한번 시작하면 멈출 수가 없거든요.

사춘기의 한(限)이
마흔까지 간다는 사실 아시나요?

한 아이가 수능 시험 점수가 자기 기대보다 낮게 나와서 재수를 하고 싶어 했는데 부모가 반대했어요. 그래서 자신이 원하지 않는 대학교에 다녀야 했죠. 아이의 대학 생활은 불행했어요. 아이는 항상 "그때 재수 학원만 보내줬더라면……." 하는 말을 입에 달고 살았죠. 하지만 사실 학원에 다니지 않아도 의지만 있으면 재수를 할 수 있는 방법은 많잖아요? 결국 원하지 않는 대학교에 다닌 것은 본인 탓도 있는 거죠. 하지만 사춘기 시기에는 이분법적인 사고를 하기 때문에 뭐든 이거 아니면 저게 다예요. 다른 대안을 생각해 내지 못하는 거죠. 그래서 한이 많이 쌓여요. 그게 어느 정도 시간이 지나 자연스럽게 풀리면 괜찮지만 마음 한 켠에 쌓여 있던 한이 아이가 성장하는 데 방해가 되어 발달이 멈춰버리는 경우 심각한 문제가 될 수 있어요. 서른이 되고 마흔이 되어도 그때의 한을 극복하지 못한 채 사춘기 아이처럼 살고 있는 어른들이 생각보다 많다는 거예요.

그런 아이가 부모를 이해하게 되고 사춘기의 한을 스스로 풀게 되는 나이가 마흔 살쯤이에요. 인생에 연륜이 쌓이고 자식을 낳아 키우면서 그제야 '그때 우리 부모님이 이런 상황이셨겠구나. 엄마도 어떻게 해야 할지 몰라서 참 힘들었겠구나.' 하고 이해하게 되는 거죠. 하지만 10대 중반부터 30대까지 약 20년 동안은 사춘기의 한 때문에 부모를 원망하고, 거기서 파생된 잘못된 행동의 결과로 자신을 자책하거나 자해하며 살아요. 지금 사춘기 아이에게 함부로 대해 마음에 상처를 입히면 앞으로 20년 동안 자식과 원수처럼 지낼 수도 있다는 얘기예요. 하지만 지금 당장은 아이가 이해해 주지 않더라도 부모가 말이나 행동 하나하나를 조심하고 아이를 존중해 준다면 사춘기가 어느 정도 지나가는 시기가 되면 아이도 부모를 이해하기 시작해요. 부모와의 갈등을 스스로 극복할 수 있게 된다는 거죠.

사춘기를 무사히, 큰 탈 없이 지나기 위해서는 '지금' 내 아이에게 잘해야 해요. 물론 그렇다고 아이가 당장 달라져서 착해지지는 않아요. 목표를 내일이 아니라 몇 년 후로 잡으세요. 어린 아이들은 부모가 노력하면 반응이 곧바로 와요. 엄마한테 씩씩거리기만 하던 아이도 한 달 정도만 잘 놀아주면 금세 바뀌거든요. 하지만 사춘기 아이에게는 그런 기대를 하기 힘들어요. 이미 자기 생각이 많이 들어차 있고, 부모와 맺었던 부정적인 관계 패턴들이 고착화되어 있기 때문이죠. 그래서 이런 경우는 나쁜 관계와 습관들이 소거되는 데 꽤 많은 시간이 걸려요. 그렇지만 하루라도 빨리 노력을 시작하면 내 아이가 한을 품은 채로 2~30대를 불행하게 보내지 않을 수 있는 거죠.

아이를 키우는 것은 기나긴 여정이에요. 수십 년의 마라톤이죠. 그렇기 때문에 장기적인 안목으로 여유를 가지고 아이를 바라볼 필요가 있어요.

아이의 나이에 맞는
대화법이 따로 있어요

"얘기 좀 하자." 하면 겁부터 내는 아이들. 이런 아이들을 붙들고 뭔가 이야기를 한다는 건 참 쉽지 않은 일이에요. 부모와의 관계가 이미 많이 틀어져 있다면 더 그렇지요. 하지만 충분한 대화를 하지 않는다면 아이의 마음을 알 길이 없어요. 아이에게 도움을 줄 수 없는 것은 물론이고요. 그렇다면 어떻게 해야 아이와 다시 자연스럽게 가까워질 수 있을까요?

우선 초등학생은 아직 어려서 어른이 조금만 강하게 말해도 눈물부터 흘리는 아이들이 많아요. 이런 아이들은 친근하게 대해 주는 게 좋아요. 초등학생과 친해지는 데는 '먹을 것'이 아주 효과적이에요. 저는 초등학생이 상담실에 오면 제일 먼저 물어보는 게 "너 뭐 먹을래? 배고프지 않니?"예요. 아무리 아이가 부모에게 억지로 끌려와서 기분이 좋지 않아도 먹을 걸 제안하면 대부분 마다하지 않거든요. 통명스럽게라도 "뭐 있는데요?" 하고 묻죠. 그러면 그다음부터는 훨씬 편하게 이야기를 시작할 수 있어요. 부모도 아이와 이야기를 하고 싶을 땐 "과일 먹을래?" "아이스크림 사다 놨는데 같이 먹을까?" 하면서 자연스럽게 아이의 관심을 끌어보세요. 아이가 좋아하는 간식을 미리 준비해 두면 좋아요. 그럼 아이는 어느 정도 경계를 풀고 마음을 열게 마련이에요.

그런데 간식을 권해도 안 먹는다면 어떻게 해야 할까요? 만약 주스를 먹겠느냐고 물었는데 싫다고 하면 "나중에라도 목마르면 얘기해. 나 혼자 마시면 너한테 미안하잖아." 하면서 먼저 긴장을 푸는 모습을 보여 주세요. 그러면 아이들도 경계를 풀거든요. 젤리를 건넸는데 "저는 젤리 안 먹어요." 한다면 "왜? 이거 안 좋아해?" 하고 물어보세요. 만약 아이가 살찔까 봐 안 먹는다고 하면 "아, 너 살이 찔까 봐 걱정이구나." 하면서 자연스럽게 대화를 이끌어가면 돼요. "이에 붙어서 싫어요." 하고 대답하는 아이에게는 "아, 너는 찐득한 게 이에 닿는 느낌이 싫구나?

네가 싫어하는 음식이 또 뭐가 있어?" 하면서 아이가 조금씩 자기 이야기를 할 수 있게 유도해 주는 거죠. 그러면서 "사실 나도 어릴 때는 엄청 편식했었어." 하고 내 이야기를 하면서 좀 더 친근감을 느끼게 하는 것도 좋은 방법이에요. 저는 초등학생과 상담을 할 때 종종 퀴즈를 내요. "이번에는 네가 내봐. 내가 맞힐게." 하고 순번을 바꾸기도 하면서요. 어떤 아이들은 "이런 걸 대체 여기서 왜 해야 하는데요?" 하고 묻기도 해요. 그럼 웃으면서 "너랑 친해지고 싶어서 그렇지. 티 났니?" 하고 솔직하게 얘기해 줘요. 그럼 아이도 웃음으로 답해 주죠.

독립성을 갖추기 위해 부모와 멀어지는 과정에서 초등학생들은 부모가 자신을 차갑게 대하면 더 이상 자신을 사랑하지 않는다고 생각해요. 사춘기가 일찍 온 초등학생이 부모에게 가장 바라는 것은 좀 더 따뜻하고 다정하게 대해 줬으면 하는 거거든요. 그래서 초등학생은 사춘기 때 엇나가다가도 부모가 정성스레 잘해 주면 돌아올 여지가 상대적으로 많아요. 그러니 이 시기의 아이들에게는 부드럽고 친절하게 다가가면 돼요. '먹을 것'으로 유혹하면서 말이에요.

반면 중학생은 초등학생처럼 대하면 안 돼요. 상담실에 와서도 뾰로퉁한 표정으로 입을 꾹 닫고 말을 안 하는 아이에게 저는 "사람은 완벽하지 않아. 누구에게나 어느 정도는 문제가 있고, 개선해야 할 점이 있는 거야. 그런데 뭘 고쳐야 하는지도 모르는 사람은 살면서 더 힘들 때가 많지." 하고 보편적인 이야기를 꺼내요. 그러면 아이는 "엄마가 문제예요." 하고 말을 시작하죠. "그렇지, 엄마도 문제일 수 있지. 네가 보기에 엄마는 뭐가 문제인 것 같으니?" 하고 물으니까 자기 말을 도통 들어주질 않아서 스트레스를 받는대요. 그럼 저는 "그래서 지금 네가 여기 온 거야. 원장님이 알아서 너희 엄마한테 얘기를 해주는 게 훨씬 낫거든. 그러려면 네가 나한테 얘기를 해줘야 해. 나도 최선을 다해 네 이야기를 들을 거야." 하죠. 먹을 것이나 퀴즈 같은 걸로 관심을 유도하는 과정은 다 생략한 채 에두르지 않고 직접적으로 솔직하게 말하면 절대 입을 열 것 같지 않던 아이도 조금씩 자기 얘기를 풀어놓아요.

중학생 아이들에게 말을 걸 때는 무엇보다 부모가 자신의 진솔한 마음을 구체적으로 드러내는 게 좋아요. 가령, "사실 나한테도 어느 정도는 문제가 있다고 생각해. 네가 그럴 때 엄마가 어떻게 해야 할지를 모르겠거든. 어떻게 하는 게 너를 돕는 길인지 모르겠어. 부모가 자기 아이를 잘 이해하지 못하고 어떻게 해야 할지 모른다는 게 얼마나 안타까운지 아니?" 하고 솔직하게 속마음을 털어놓으세요. 만약 아이가 매일 해야 하는 일이 있어요. 부모님은 당연히 매일 반복되는 일이니까 아이가 알아서 했을 거라 생각하고 물었는데 아이는 하란 말도 안 해놓고 뭐라고 한다고 툴툴대죠. 그럼 "어머, 내가 그거 매일 해야 하는 거라고 말 안 했니? 나이가 드니 자꾸만 깜빡깜빡하네. 대신 내일은 꼭 해." 하고 먼저 자신의 실수를 인정하는 거죠.

분명 말을 했는데 안 해줬다고 우길 때도 있어요. 그럴 때는 "그래? 못 들었어?" 하고 일단 아이의 말을 받아들여 주세요. 아이는 정말 못 들었을 수도 있거든요. 우선은 너그럽게 인성해 준 다음 "나는 똑똑히 기억하는데. 분명히 얘기했거든. 네가 혹시 그때 딴생각하고 있었던 거 아니니?" 하고 물어보세요. 그러면 아이도 "그랬나 봐요." 하고 반응이 좀 누그러져요. "다음엔 중요한 게 있을 때 목소리를 좀 크게 해야겠다. 그래야 네가 좀 집중해서 듣지." 그렇게 마무리하면 돼요. 그런데 "야, 내가 분명히 말했는데 왜 못 들어?" 하면서 한 대 치면 "아이, 씨! 왜 때리는데요?" 하면서 화제가 바뀌어버려요. 그럼 아이는 대화가 안 된다고 생각해 버리고 그다음부턴 아예 대화 자체를 거부해요. 자신을 권위로 억누르려는 대상에게는 반감부터 생기는 게 인지상정이니까요.

아이가 말을 듣길
바라시나요?

사춘기 아이가 말을 안 듣는 건 부모의 말, 더 정확히 말하면 말투 때문인 경우가 많아요. 아이들은 통합적인 사고가 충분히 발달되어 있지 않기 때문에 내용보다 말 표현에 더 민감하거든요. 아이가 부모님의 말을 조금이라도 더 듣길 원한다면 다음 몇 가지를 꼭 기억하세요.

첫째, 아이 앞에서 되도록 말수를 줄이세요. 말을 하면 할수록 손해를 보는 경우가 많거든요. 앞에서 얘기했듯 사춘기가 되면 아이와 거리를 두고 독립성을 인정해 줘야 해요. 그러기 위해서는 말을 줄여 개입을 자제하는 편이 좋죠. 사춘기 때 문제

가 심해지는 원인 중 하나가 부모가 거꾸로 움직인다는 거거든
요. 아이가 어릴 때는 미처 신경을 못 쓰다가 아이가 사춘기가
되어 비뚤어지기 시작하면 그때부터 큰일이다 싶어 아이를 유
심히 보기 시작하죠. 아이에게 거리를 둬야 하는 시점에 오히려
막 달라붙는 거예요. 그러다 보면 안 하던 잔소리도 많아지고 아
이와의 관계가 악화되는 거고요.

아이는 자꾸만 엇나가는 것 같은데 그런 아이의 모습을 말없
이 지켜본다는 건 정말 힘든 일이에요. 하지만 이때 부모가 말
을 많이 하기 시작하면 아이와의 관계는 더 나빠질 확률이 높아
요. 괜히 잘못 자극했다가 아이가 정말 나쁜 길로 빠져버리면 사
춘기가 지나도 제자리로 돌아오기 힘들죠. 그렇다면 말수를 얼
마나 줄이는 게 좋을까요? 한 번 말할 때는 한두 문장 정도로 짧
게 하세요. 그리고 가장 중요한 건 한자리에서 같은 이야기를 두
번 하는 일은 절대 없어야 한다는 거예요.

둘째, 명령 대신 제안을 하세요. "~해!"가 아니라 "~해볼
래?" 혹은 "그래줄래?"라고만 해도 사춘기 아이들은 말을 훨씬
잘 듣고 행동도 달라져요. 아이한테 집에 빨리 들어오라고 할 때
도 "빨리 안 들어와?" 하면서 채근하기보다는 "이제 들어오지
않을래?" 하고 얘기하는 편이 아이에게 훨씬 더 효과가 좋아요.

물론 그렇게 얘기한다고 해서 아이가 곧바로 들어오는 건 아니에요. 하지만 적어도 관계에는 도움이 되죠.

사춘기 아이들이 명령만큼이나 기분 나빠 하는 게 목청 높여 "야! 야! 야!" 하는 거예요. 아이를 부를 땐 "야!" 하지 말고 꼭 이름을 불러주세요. 어른들의 싸움도 상대방의 반말에서 시작되는 경우가 많잖아요. 상대를 비하하는 듯한 말투에는 누구라도 기분이 상하는 법이니까요.

셋째, 아이가 "알았다고요."라고만 해줘도 고맙게 생각하는 거예요. "아, 무슨 상관이에요?"라고 안 한 게 어디에요? 보통 사춘기 아이들은 "네, 알겠어요."라고 고분고분하게 대답하지 않아요. "알았다고요."라고 하면 '왜 말을 저따위로 해.'라고 기분 나쁘게 받아들일 게 아니라 그 정도는 "땡큐."라고 대답한 것과 진배없다고 여기는 게 좋아요. 그러니까 아이에게 "알았다는 애가 그렇게 행동해?" 하며 도발하지 마세요. 아이가 "알았다고요." 하면 '알겠다고 했으니 이제부터는 노력하겠지.' 하며 이해하고 넘어가세요. 사춘기 아이들의 그 말에는 나름대로 큰 의미가 담겨 있는 거거든요. 아이 입장에서는 부모에게 대들지 않으려고 자꾸만 반항하고 싶은 마음을 억누른 거죠. 그러니까 그걸 건드려선 안 돼요. 잘못하면 폭발해 버리거든요. "알았다고요."

하고 조금 짜증을 부려도 "그래, 알았으면 됐어." 하고 그냥 넘어가 주세요.

넷째, 절대 소리 지르지 마세요. 부모 스스로 아이를 잘 파악하고 있고, 아이가 내 말을 잘 받아들일 거라고 생각하는 부모는 소리를 지르지 않아요. 부모로서의 자신감이 있기 때문이죠. 소리를 지르게 되는 것은 자기가 빨리 힘의 우위를 차지하지 않으면 상대방에게 뺏길 것 같다는 두려움과 위기감 때문인 경우가 많아요. 그런데 사춘기 아이는 자기를 억누르려는 타인의 의도와 말투, 행동에 상당히 민감해요. 그렇기 때문에 부모가 소리를 질러서 아이를 억누르려 하면 아이는 더 반항하게 되어 있어요.

혹시 아이 앞에만 가면 소리를 지르게 될 경우 '나는 대체 왜 아이와 얘기할 때 자꾸 소리를 지르는 걸까? 나는 아이의 어떤 면에 발끈하는 걸까? 우리의 문제는 뭘까?' 생각하면서 나 자신, 그리고 나와 아이의 관계를 돌이켜 생각해 볼 필요가 있어요. 혹시 "엄마가 나한테 해준 게 뭐 있다고 그래요?"라고 대꾸할 때마다 소리를 지르게 된다는 걸 깨달았다면 눈에 띄는 위치에 「'엄마가 나한테 해준 게 뭐 있어요?'라는 말에 열 받지 말자!」라는 글귀를 써 붙여 놓으세요. 그걸 읽고 또 읽으면서 자제력을 키우는 거죠. 아이 방 문고리에 「아이에게 말하기 전에는 심호흡 먼저! 감정을 조절하고 절대 소리 지르지 말 것!」이라고 적은 팻말을 걸어두는 것도 좋아요. 유치해 보일 수도 있지만 꽤 효과가 좋답니다.

다섯째, 중요한 이야기일수록 간단하게 하세요. 아이가 새벽에 들어왔다면 "일찍 다녀라." 하고 짧게 말하세요. 굳이 한마디더 보태고 싶다면 "이렇게 늦게 오면 가족들이 걱정하잖니." 정도로 끝내는 게 좋아요. 아이가 게임 하느라 책상 앞에서 밥을 먹겠다고 고집을 부리면 "식사할 때는 같이 해야지." 하고 간단명료하게 이야기하세요. 그럼 아이도 스스로 생각하기 시작하면서 나중에는 차츰 좋은 방향으로 바뀌어가요. 억지로 시키려고 실랑이를 벌이다 보면 아이와 감정의 골만 깊어질 뿐이에요. 사춘기 아이를 키우는 데는 굉장한 인내심과 내공이 필요해요. 아이의 문제를 옆집 아이 문제 대하듯 조금은 이성적이고 냉정하게, 거리를 두고 볼 필요가 있어요. 딱 그 정도로만 생각하세요. 그게 서로를 위해 좋아요.

여섯째, 책임질 수 없는 말은 하지 마세요. 아이는 항상 부모의 말이나 행동에 자극을 받으면 더 강한 반응을 보이기 때문에 부모는 자신이 책임질 수 있는 말만 해야 해요. 아이에게 휴대폰 사용을 금지했다면 그 원칙을 일관성 있게 지켜야 하죠. 그럴 자신이 없다면 애초부터 그런 말 자체를 내뱉지 않는 게 좋아요. 부모가 중심을 못 잡고 일관성 없는 말과 행동을 반복하다 보면 아이는 부모를 만만하게 보게 되거든요. 그리고 부모의 약점을 잡아 그걸 무기로 휘두르기 시작하죠. 그러니까 무책임한 말이나 행동은 절대 해선 안 돼요.

아이를 제대로
대접해 주세요

사춘기는 정말 골치 아프기만 한 나이일까요? 예전에는 10대 청소년들이 독립운동의 한 축을 담당하며 감옥에서 목숨을 바치는 경우도 있었어요. 여자아이들은 열 살만 넘어도 동생들을 돌볼 정도로 성숙했고 남자아이들 역시 국방의 의무를 지키고 집안의 가장 역할을 할 정도로 의젓했지요. 그런데 지금은 어때요? 기껏해야 '찍소리 말고 공부나 해야 하는 존재' 혹은 '골칫덩이' 취급을 받죠. 언제부터, 왜 그렇게 된 걸까요? 저는 가정과 사회, 국가가 아이들을 '문제아 집단'으로 취급해서 문제가 계속 생기는 것이라고 생각해요. 집단의 가치를 인정해 줘야 거기에 속한 다수가 자신들의 역할을 하려고 애를 쓰게 되는 법인데, 사춘기 아이들의 가치를 너무 폄하해 버리니까 점점 더 아이들이 작아지는 거죠.

사춘기 아이들은 충동적이지만 의협심도 강해요. 정의로운 행동으로 영웅이 되고 싶은 허세도 있고, 강자에게 괴롭힘을 당하는 약자를 구원해 주고 싶은 낭만도 있고, 자신을 알아주는 누군가를 위해 열정을 바치고 싶어 하는 순수함도 있죠. 아이들의 이런 특징들은 좋은 방향으로 발현되기만 하면 현실에 닳고 닳은 어른들보다 사회에 더 발전적인 영향을 끼치는 젊은 동력이 될 수 있어요.

만약 사회가 나서서 의도적으로라도 사춘기 아이들을 응원해 준다면 10년 후, 20년 후 아이들의 모습은 지금과 많이 다를 수 있어요. 사회뿐 아니라 가정에서도 마찬가지예요. 자꾸 아이의 부족한 면만 지적할 게 아니라 잘하는 면, 어른보다 나은 면을 찾아 칭찬하고 격려해 주세요. 가정과 사회의 엄연한 구성원으로 제대로 된 인정과 대접을 해주세요. 아이들에게는 우리가 생각하는 것 이상의 잠재력이 숨어 있어요. 이 아이들이 각자 지닌 잠재력을 가장 이상적인 곳에서, 가장 긍정적인 방향으로 잘 활용할 수 있도록 돕는 게 바로 부모, 선생님, 어른들의 역할이라는 것, 꼭 기억하세요.